中国社会矛盾纠纷多元化解的柔性治理模式

胡洁人　著

A FLEXIBLE GOVERNANCE MODEL FOR DIVERSIFIED RESOLUTION OF SOCIAL DISPUTES IN CHINA

ZHEJIANG UNIVERSITY PRESS
浙江大学出版社
·杭州·

图书在版编目(CIP)数据

中国社会矛盾纠纷多元化解的柔性治理模式/胡洁
人著. --杭州:浙江大学出版社,2024.4
ISBN 978-7-308-24773-3

Ⅰ.①中… Ⅱ.①胡… Ⅲ.①社会主义社会－矛盾－
研究－中国 Ⅳ.①D66

中国国家版本馆 CIP 数据核字(2024)第 065842 号

中国社会矛盾纠纷多元化解的柔性治理模式
ZHONGGUO SHEHUI MAODUN JIUFEN DUOYUAN HUAJIE DE ROUXING ZHILI MOSHI
胡洁人 著

策划编辑	吴伟伟
责任编辑	陈逸行
文字编辑	梅 雪
责任校对	马一萍
封面设计	雷建军
出版发行	浙江大学出版社
	(杭州天目山路 148 号 邮政编码 310007)
	(网址:http://www.zjupress.com)
排 版	浙江大千时代文化传媒有限公司
印 刷	广东虎彩云印刷有限公司绍兴分公司
开 本	710mm×1000mm 1/16
印 张	14.25
字 数	200 千
版 印 次	2024 年 4 月第 1 版 2024 年 4 月第 1 次印刷
书 号	ISBN 978-7-308-24773-3
定 价	68.00 元

序　言

　　一个社会在发展的过程中产生矛盾、冲突、摩擦、纠纷,乃无可避免的事情。客观现实是社会上的不同个人、群体、组织,其利益、意见不可能完全一致。在这样的情况下,社会上的不同成员——从政府到市民、社会团体——均有可能从自身利益、立场、主张出发,争取对自己最为有利的结果,而不容易妥协、让步。矛盾、冲突不但经常发生,有时甚至一发不可收,导致矛盾加深、冲突的规模进一步扩大。

　　从第二次世界大战结束至 20 世纪 60 年代末,欧美工业社会曾经经历高速经济增长与发展,工人阶级的工资提高,一般群众生活大大改善,罢工及其他形式的工业冲突逐渐减少,劳资关系似乎显得平和。不过,实际情况并非如此,20 世纪 60 年代末开始,很多工业国家再次需要面对一波接一波的工业冲突,它们不仅遇上激烈的工业运动,而且更为种种劳资纠纷背后的经济衰退而感到头痛。

　　各个欧美工业国家均需要面对再次涌现工业冲突所带来的挑战,有的是罢工潮此起彼落,但也有的并未因为劳资双方利益不一致而导致工业生产力下降、产业衰落。同样是工业社会,劳资之间的关系都不可避免地存在张力,可是个别国家却能有效处理雇主与工人的雇佣关系。相应于此,产生的一个热门讨论话题是"工业冲突的制度化"(institutionalization of industry conflict)。问题的核心不再是是否存在矛盾与冲突,如何响应和管理。有关法团主义的研究和讨论主要就是由这样的一个工业关系课题衍生出来的。劳资关系不再简单地被理解为资本家和劳工的对立,也包括政府的角色;若这个三边关系能够管理得宜,很多有可能演变为纠纷、冲突的问题,便能通过议价、谈判、妥协、协议而有效地处理。

胡洁人教授现将她的提问进一步提高到国家与社会关系的层次,展开了一个更大的课题。这既承接了之前冲突的制度化、法团主义等议题的讨论,同时也把研究的范围扩展到政治社会学等领域。20 世纪 80 年代以后,工业社会学、经济社会学的新议题是工业国家如何面对市场的变化,将以往福特主义式的生产转型为弹性专门化,而在社会制度上(例如:信任的建立)又要怎样调整过来。同时,关于政治社会学的讨论,逐步由过去集中于政府本身,转为更多考虑广泛的管治、治理(governance)的议题。当胡洁人教授重新思考国家与社会的关系以及怎样化解纠纷的时候,她的研究有着承前启后的作用,沿着之前的理论提问及响应不同的研究框架,给出了独特的答案。

她解释了"柔性治理"的可能性,同时也指出了群团组织的作用,重要的是能够产生效用。很多在现有制度内处理问题的方法是有成本的,而且成本不低,也不一定有效。而刻板地只从国家的一端,又或者从社会的另一端来思考解决纠纷的方法,似乎反倒不如突破二元的思维,另辟分析的路径。

与此同时,她分析的核心是中国社会的特色,而这启发我们对很多理论问题进行重新思考。这里相关的问题不在于否定前人的理论,也不是因为其特殊性而将其边缘化,而是刺激我们的想象力。国家与社会的关系存在不同的模式,各有局限,但也有不同的可能。分析员的工作是将每种模式的社会、政治制度背景、相关社会文化条件清楚地展现出来,以帮助大家日后更深入地通过更多的实证研究来说明这个新的分析框架的意义。

胡洁人教授的分析是以实证为基础的。她以熟练的手法结合多种资料,有效地运用混合研究方法来说明和支持她的分析。在她的讨论和分析里,既可看到普遍应用的可能,也能从个案中看到微观的、生动的社会过程。

　　当然，世间没有化解矛盾、冲突的"万灵药"，任何一种安排都有它的作用，也有它的局限。同时，它之所以能够产生效用，也要结合环境因素、制度背景。进一步丰富有关的讨论与分析，有赖于比较研究的开拓以及更多人对研究框架、理论、观察作出回应。胡洁人教授打开了话题，而这是重要的一步。

吕大乐

香港教育大学副校长

2023 年 5 月 28 日

目 录

群团组织做服务工作具有两重性,既要服务党和国家工作大局,也要服务群众,不能把两者割裂开来,也不能畸轻畸重。服务党和国家工作大局是党的群团工作的主线,服务群众是群团组织的职责。群团组织既要围绕党和国家工作大局搞好"公转",又要聚焦服务群众搞好"自转",做到"顶天立地"。顶天,就是着眼党和国家工作大局,在大局下思考,在大局下行动。立地,就是立足职责定位、立足所联系的群众,寻找工作结合点和着力点,为党和国家工作大局提供支持。要防止出现活动一个接一个,表面上热热闹闹,实际上同党和国家工作大局、服务群众不沾边、不搭界的现象。①

——习近平

---

　　① 中共中央文献研究室编:《习近平关于社会主义政治建设论述摘编》,中央文献出版社 2017 年版,第 203-204 页。

第一章　群团组织与社会治理

一、研究背景

党的十九大报告指出,经过长期努力,中国特色社会主义进入了新时代,这是我国发展新的历史方位。[①] 社会多元化是新时代的重要特征,这意味着过去由政府单一主体肩负治理职责的时代正渐行渐远,非政府组织以及其他社会自治力量的迅速成长令它们在社会治理中扮演越来越重要的角色。特别是在中国共产党历史上广泛组织和调动工人、青年生力军、妇女、居民等社会群体的群众性团体组织(简称群团组织),作为中国特色的联系党和群众的桥梁组织,共同参与社会治理,形成了社会多元共治的强大合力。群团事业是中国共产党事业的重要组成部分,党的群团工作是党治国理政的一项经常性、基础性工作,是党组织动员广大人民群众为完成党的中心任务而奋斗的重要法宝。工会、共青团、妇联等群团组织联系的广大人民群众是全面建成小康社会、坚持和发展中国特色社会主义的基本力量,是全面深化改革、推进全面依法治国、巩固党的执政地位、维护国家长治久安的基本依靠。为更好地发挥群团组织的作用,把广大人民群众更加紧密

---

① 习近平:《决胜全面建成小康社会　夺取新时代中国特色社会主义伟大胜利》,人民出版社2017年版,第10页。

地团结在党的周围,汇聚起实现"两个一百年"奋斗目标、实现中华民族伟大复兴中国梦的强大正能量,2015 年 7 月,中共中央针对党的群团工作重新进行谋划布局,首次召开中央党的群团工作会议,群团组织改革全面启动。《中共中央关于加强和改进党的群团工作的意见》①深刻阐述了新形势下加强和改进党的群团工作的重要性和紧迫性,特别对加强和改进党对群团组织的政治领导、思想领导、组织领导,发挥群团组织作用以及推动群团组织改革创新提出了明确要求和一系列政策举措。该意见要求群团组织坚定不移走中国特色社会主义群团发展道路,坚持党对群团工作的统一领导,坚持发挥桥梁和纽带作用,坚持围绕中心、服务大局,坚持服务群众的工作生命线,坚持与时俱进、改革创新,坚持依法依章程独立自主开展工作;该意见还要求加强党委对群团工作的组织领导。该意见第八条就群团如何参与社会治理提出,群团组织可以以合适的方式参与政府购买服务,承接政府职能转移。尤其在公共服务和化解社会矛盾中,政府的优势是掌握大量物质资源,劣势是缺少能够实现治理目标的社会助手。

所谓群团组织,是"群众性团体组织"(mass organization)的简称,是当代中国社会团体的一种。中央机构编制委员会办公室管理机构编制的群众团体包括中华全国总工会(简称工会)、中国共产主义青年团中央委员会(简称共青团)、中华全国妇女联合会(简称妇联)、中国文学艺术界联合会、中国作家协会、中国科学技术协会、中华全国归国华侨联合会、中国法学会、中国人民对外友好协会、中华全国新闻工作者协会、中华全国台湾同胞联谊会、中国国际贸易促进委员会、中国残疾人联合会、中国红十字会总会、中国人民外交学会、中国宋庆龄基金会、黄埔军校同学会、欧美同学会、中国思政工作研究会、中华职业教育社、中华全国工商业联合会(简称工商联)、中华计划生育协会等 22个。在这 22 个群团组织中,机构分量略有不同。其中,工会、共青团、

---

① 详见附录八。

妇联(俗称的工青妇)是基本的群团组织,地位最高。某种程度而言,是因这三个团体起初与中国共产党一起参加革命①,所以在参照党的机关管理的人民团体中,其地位也有别于一般团体。

群团组织可以对接相关党委、政府部门,完善群团参与政府购买服务的法律法规条款,与党委、政府部门协商建立合理的购买服务机制;建立专业性质的非常设机构,吸纳具有特殊技能的专业精英。具有特殊技能的专业精英往往具有正式的组织归属,但他们的技能又是群团参与社会治理之所需。在社会组织发展方面,工青妇可以协助建立支持型社会组织,吸纳和培育能发挥专业职能的社会组织。支持型社会组织是群团联系社会组织的平台,它发挥的作用包括凝聚社会组织、培育社会组织、管理社会组织等。特别在社会矛盾频发的社会转型期,群团组织可以发挥其独特优势,参与社会矛盾纠纷化解,通过各种灵活多变的形式,与社会组织开展合作;还可以设置非常设的机构,以专业委员会、工作室的形式,为专业精英定期或不定期参与社会治理设置渠道。② 例如,工会、妇联可以发挥矛盾调解委员会的作用,邀请律师等专业人士加入,发挥他们的专业特长,在各类社会矛盾预防和化解中,形成制度化的专业调解机制。在技能培训、矛盾调处、目标群体服务、各类维权等领域,已有一大批专业性质的社会组织,这些社会组织既有相关方面的技能,渴望有发挥的平台,也有接受培育的需求以继续发展壮大。群团组织应当以支持型社会组织为枢纽,网罗一批社会组织,使其协助群团在社会治理中发挥专业性的服务职能。

群团组织自诞生以来,就是中国共产党联系群众的桥梁和纽带,对其所联系群体的利益表达和权利保护发挥了重要的作用,是我国政治、经济、社会等各个领域发展变革的重要力量。然而,随着改革开放

---

① 陈佳俊:《群团组织改革的路径与机制研究:基于历史经验的考察》,《中共杭州市委党校学报》2019年第3期,第72-78页。

② 葛亮:《群团组织参与社会治理创新——共同参与和搭台唱戏》,《浙江社会科学》2017年第5期,第62-68页、第157页。

后国内外环境和形势的不断变化,中国社会呈现出多元化的发展趋势,社会结构更加复杂,群众诉求更加多样,社会治理面临前所未有的挑战和考验。群团组织面临普遍的"一轻""二弱""三缺""四化"问题。①"轻"主要是指群团组织及群团工作的重要性被忽略,导致其难以发挥优势,同时也缺乏有力的专业指导和支持。作为党和政府联系人民群众的桥梁和纽带,群团组织领域宽、范围广、数量多,是全面建成小康社会一支不可或缺的强大力量。② 但是,不少地方把群团工作当成是"软"任务和"虚"的工作对待,对群团组织的地位、职能、任务及所发挥的作用等问题认识不足,往往是"中心工作先行,群团工作让道",一些领导及有关部门忽略了对群团组织内力的培养和储备,导致在组织设置、工作经费、活动场馆、人员配备等方面均难以保障群团组织建设的正常开展。"弱"主要是工青妇组织的队伍素质不高及其延伸到基层的基础工作薄弱。一方面,较多群团组织存在"两少两多"的问题,即编制少、人员少,抽调人员多、兼职人员多,导致"有将缺兵",领导偏多、做事人员偏少的现象,造成基层实务工作人员的专职性受到很大限制。这样的队伍还存在年龄偏大、知识陈旧、专业性较弱的不足。另一方面,基层群团组织重建立、轻建设,重形式、轻内容,导致只有工青妇基层组织延伸到乡(镇)一级,而其他的群团组织大多数只建立到县(区)一级,群团组织有效覆盖面不足、凝聚力不够。③"缺"主要包括缺人、缺钱和缺物三大方面,导致群团组织的保障机制不健全。"缺人"是指工青妇组织内人少事多,甚至出现被其他职能部门抽调的情况,导致群团组织自身由于缺乏专职人员而难以应付日常工作。

---

① 廖胜平:《党的群团工作存在的主要问题及解决之策》,《当代广西》2015年第17期,第60-61页;谷月:《新时代群团组织改革的对策研究——以本溪市为例》,《中共太原市委党校学报》2019年第3期,第31-35页。

② "要充分认识群团改革的重要性——论扎实推进群团改革",《重庆日报》,2016年4月11日,http://cq.cqnews.net/cqztlm/2016-04/11/content_36677312.htm,检索日期:2020年4月20日。

③ 崔岳宁、范大年、田笛等:《增强基层班团组织凝聚力和活力的路径研究》,《教育教学论坛》2019年第18期,第7-8页。

"缺钱"主要是指群团组织日常运作的经费不够,特别是对以"政府购买社会组织服务"方式合作的社会组织给予的报酬和经费支持不足,导致他们工作开展困难、积极性下降、人员流动性大,从而影响其专业性的发挥。"缺物"主要是指缺乏开展活动的场所和平台,导致难以进行周期性、规模化的活动。

而"四化"是指由于群团组织的职能效用不显著,出现机关化、边缘化、简单化和娱乐化的现象。"机关化"是指群团组织在实际工作中不接地气、远离基层群众,真正同群众摸爬滚打在一起的不多,官僚主义和衙门作风盛行。一方面,因上级部门对群团组织要求的条条框框等同于机关部门,群团组织与机关部门按照相同的标准进行绩效考核。工作导向机关化导致群团工作的工作重心不是服务受众群体,而是专门应付上级的各项考核、检查。这个现象在全国范围诸多群团组织工作中普遍存在。另一方面,群团内部的工作人员只是坐在机关里、办公室里,没有走进基层、走入社区,以行政化色彩较浓的组织方式开展工作,导致工作越位、错位,收不到应有的成效。"边缘化"是指在相当长的一段时间里,群团工作被冷漠对待和忽视,工青妇组织甚至被列入机关"弱势群体",在序列中排名靠后,机关干部经常自嘲是"民团"(人民团体的简称)而不是正规军,工作人员有自卑感,从而影响其工作的积极性和主动性。特别是如工商联等群团组织的工作一直处于边缘,政府对其人员、编制、经费、办公条件等方面的支持力度不够,采取挂靠、联并的方式设置,专门安排老弱、退居二线的干部进工商联工作,导致工商联普遍存在干部队伍年龄与知识老化、办公设备陈旧、工作人员消极和执行不力、凝聚力不强、作用不大等现象,与国家对非公有制经济服务的要求不相匹配。"简单化"是指一些基层群团组织干部往往身兼数职,对群团工作的困境和问题缺乏研究和认识,只做一些表面性、应付性的工作。一些群团工作干部自身认识也不到位,存在应付、畏难的情绪,没有真正把群团工作当作事业来干。另外,由于经费、场地等客观条件制约,一些群团组织难以开展活动,久而久之养成了不敢想、怕做事的心态,组织工作和活动方式单一,拓展、创新意识不够。"走过场""跟班式""蜻蜓点水"等单一、敷衍的工作方式出现在不少群团组织开展的活动中。"娱乐化"是指针对一些地方基层党组织在开展群团工作时,偏离核心主旨,比如把团委工作和活动搞成"歌舞晚会",导致活动的重点变成了凑热闹和寻开心,而未能真正实现对青年人的有效引领。

二、研究问题与研究意义

对任何一项研究来说,必须先明确研究的问题是什么? 为什么要研究这个问题? 其重要性和意义(包括理论意义和实践意义)是什么? 同时,需要认清这些问题是不是基于社会事实①的"真问题"。所谓"真问题",是指现实经验所反映出的值得关注和研究的问题,同时也是相关领域共同关注和探究的问题。改革开放以来,学术界对群团组织的研究从兴起到热络,较多关注群团组织与国家控制的关系,代表性观点如康晓强②、陈佳俊和史龙鳞③等指出群团组织通过单位制发挥了有效的国家动员和管控功能;也有不少研究强调群团组织的社会功能,特别是对提升公共服务和加强法治建设具有重要作用④;还有部分研究注重群团组织自身的问题和面临的挑战,特别是群团组织因自身理想信念不坚、社会性质不强、社会凝聚力下降、协同作用不明显等原

---

① 迪尔凯姆:《社会学方法的准则》,狄玉明译,商务印书馆1995年版,第2页。
② 康晓强:《群众团体与人民团体、社会团体》,《社会主义研究》2016年第1期,第55-60页。
③ 陈佳俊、史龙鳞:《动员与管控:新中国群团制度的形成与发展》,《社会发展研究》2015年第3期,第151-168页、第245页。
④ 周承洲:《关于加强群团组织建设推进创新社会治理工作的思考》,《中国社会组织》2015年第15期,第39-41页;褚松燕:《在国家和社会之间:中国政治社会团体功能研究》,国家行政学院出版社2014年版;赵健杰:《培育完善职工自组织建设工会实践的创新性尝试——以浙江省宁波市海曙区总工会相关实践创新为例》,《工会信息》2015年第27期,第4-7页。

因造成其难以发挥应有的功能。[①]重新定位和改革群团组织，推动其创新、转变和改进服务模式，尤其是将其打造成为"枢纽型"社会组织是当下学术界和实务界的重要课题。[②]

然而，相比群团组织功能定位的一般研究，针对工青妇组织参与社会治理特别是矛盾纠纷化解的研究成果非常有限。现有的相关讨论也较少关注群团组织如何化解矛盾纠纷，而侧重特定群团组织在其自身领域的优势和局限，比如工会在代表工人利益、调解劳资矛盾方面的作用[③]及通过内部上下联动等大调解方式增强劳动争议的解决效果[④]；共青团运用组织优势，发挥服务和维护青少年合法权益等职能[⑤]、妇联将社会工作者引入社区调解，提升信访纠纷的疏导和化解率[⑥]。国外对中国群团组织的研究也相当贫乏，现有研究主要集中在对群团组织的性质、功能、组织架构及其与人大和民主集中制关系的

① 张雅欣、王红信：《新时代党的群众工作面临的问题及其解决路径》，《邢台学院学报》2020年第1期，第41-43页；彭恒军：《社会治理主体建设与群团组织的改革与创新——解读中共中央〈关于加强和改进党的群团工作的意见〉》，《工会理论研究（上海工会管理职业学院学报）》2015年第6期，第4-8页；胡若雨：《群团组织在新时代的改革取向》，《理论探索》2019年第1期，第66-69页。

② 路云辉：《群团组织的角色定位与社会治理创新》，《特区实践与理论》2015年第4期，第111-114页、第122页。

③ 苟荣华：《工会与法院合作调解劳动争议优势更大》，《工会信息》2013年第20期，第7-8页；刘鑫：《构建"法院＋工会"劳动争议调解新机制探究》，《中国工运》2019年第11期，第41-43页；胡芝兰：《浅析新时期基层工会组织在劳动争议调解中的作用——以福州经济技术开发区总工会参与劳动争议调解为例》，《当代工人（C版）》2019年第3期，第91-92页。

④ 岳经纶、庄文嘉：《国家调解能力建设：中国劳动争议"大调解"体系的有效性与创新性》，《管理世界》2014年第8期，第68-77页；程远凤、徐银香：《劳动争议"多元化"调解机制构建研究——以苏州市为例》，《法制与社会》2016年第36期，第33-34页。

⑤ 郭元凯：《新中国成立70年共青团权益工作的积极探索与创新发展》，《中国青年研究》2020年第4期，第55-61页、第85页；王建敏：《新中国70年来青少年权益保护变迁与发展》，《中国青年社会科学》2019年第3期，第126-134页。

⑥ 吴同、陈蓓丽：《专业社会工作介入信访的运作机制以及发展困境——以上海市专业社工介入信访C项目的个案服务为例》，《华东师范大学学报（哲学社会科学版）》2015年第2期，第92-100页、第170-171页；祝韵、李安红、刘明燕：《浅析妇联在社工介入社区妇女维权工作中的作用——以福州市妇联社区维权为例》，《社会工作（学术版）》2011年第11期，第78-81页。

研究上①，并有学者认为群团组织参与治理与调解、普法教育等一样，是政府实施有效社会管控的重要措施②。但随着个人权利愈受重视和组织的发展变迁，群团组织在纠纷调解中也面临着自身角色定位、组织成员和管理者的角色转变等一系列挑战。③ 少数学者从法社会学视角肯定了群团组织同家庭、宗族、行业协会一样发挥着化解社会矛盾、维护社会稳定的作用，并在特定领域具有独特优势，如工会有助于协调劳资关系、组织劳资双方代表进行谈判、为工人提供法律援助和解决各类问题，共青团、妇联以其独特的方式促进纠纷化解和维护社会稳定。④

因此，中外学界从功能、定位、体制、能力等方面对群团组织的相关研究作出很大贡献，但依然存在有待补充之处：第一，重横向碎片研究，轻纵向总体研究。现有研究较多集中在对群团组织的概念界定、功能属性辨析和讨论组织发展存在的问题，而忽略了其在不同历史时期和阶段的总体定位以及与中国共产党关系的变化。第二，缺乏对工会、共青团、妇联作为共产党最重要组织的功能发挥与机制配置的对策分析。特别是对群团组织参与社会治理和化解矛盾纠纷的研究几近空白，尚未有对群团组织介入社会矛盾预防、处理和化解的总体思路和对策建议。第三，对群团组织介入纠纷化解的模式、过程和结果缺乏有效的评估机制。现有研究仅限于对工会组织介入劳资纠纷调解和妇联介入信访案件等的实证分析，缺乏对这些方式的系统评估以

---

① A. Doak Barnett, "Mass political organizations in communist China," *The Annals of the American Academy of Political and Social Science* 277：1（1951），pp. 76-88；Chao Kuo-Chün, "Mass organizations in Mainland China," *The American Political Science Review* 48：3（1954），pp. 752-765.

② Xueguang Zhou, " The conscription society：Administered mass organizations," *The American Political Science Review* 93：3（1999），pp. 731-732.

③ Wenjia Zhuang and Feng Chen, "Mediate first：The revival of mediation in labour dispute resolution in China," *The China Quarterly* 222（2015），pp. 380-402.

④ Feng Chen, "Union power in China source, operation, and constraints," *Modern China* 35：6（2009），pp. 662-689.

及对其是否具有推广的可行性和如何推广的研究。特别在新时代,我国社会矛盾日益多样化和复杂化,如何发挥群团组织参与社会治理的作用并提升其能力,使之真正成为社会矛盾纠纷多元化解的重要力量,从而充分体现其先进性和群众性显得十分迫切和必要。

鉴于以上问题,本书的研究问题如下:

第一,群团组织与其他社会组织相比,在化解社会矛盾中具有什么特点和优势?

第二,如何解决群团组织的现有问题和不足,提升其参与社会治理和化解社会矛盾纠纷的能力?

第三,如何通过化解矛盾增强群团组织在新时代的政治性、先进性和群众性,使其更好地服务广大人民群众,真正成为党连接人民群众的桥梁?

基于国家社会关系理论,本书以长三角地区,特别是上海市总工会、共青团、妇联等群团组织为研究对象,重点研究参与社会矛盾纠纷化解范围较广、程度较深的各级妇联在新时代参与预防和化解社会矛盾纠纷中的重要地位、独特作用、运作机制和实现路径,并为群团组织加强自身建设、提升群众凝聚力、增强群团组织先进性和群众性、积极有效参与社会治理提供理论依据和对策建议。

关于社会治理和矛盾纠纷化解的研究可以从多个维度、多个角度推进,可以从宏观的角度比如制度建设和制度发展来分析,也可以从微观的角度比如日常生活来解析。鉴于现有关于群团组织介入社会治理和矛盾纠纷化解多从宏观角度切入,本书选择从基层社区、家庭个人生活的微观视角切入考察和研究这一问题,试图科学、准确地把握基层群团组织在社会治理和纠纷化解中的现状、特征、问题、成因、发展趋势、治理经验等社会事实,丰富我国多元化纠纷化解的理论构建和实践经验,更好地理解和把握我国社会治理的症结和困境以及突破方式和实施路径。因此,本书试图在以下几方面提供独特的学术贡献。

　　首先,基于国家社会关系理论,特别是通过群团组织参与纠纷化解和社会治理来透视新时代基层政府与社会互动的模式及其特点。重点通过群团组织特别是以妇联为代表的群团组织购买社会组织服务和孵化社会组织来探索和分析当下国家与社会的互动关系。我国的基层政府在近年巨大的考核和创新压力下[①],不断探索和推出各种社会治理创新举措,诸如国家法团主义[②],国家主导下的社会[③]或国家主导的社会多元主义[④],但这些做法可能忽略了中介组织特别是群团组织在国家和社会之间的特殊作用。对中介组织的细致考察有助于了解我国的群团组织在引导和管理社会组织参与社会治理和纠纷化解方面国家力量是怎样渗透的以及社会如何影响国家政策的调整。

　　社会矛盾或社会冲突是法学、社会学和政治学的核心研究领域之一,无论是马克思主义社会学还是当代西方社会学,对矛盾纠纷及社会冲突的考察和探讨都是其核心内容。[⑤]马克思主义法学尤其关注矛盾纠纷的化解方式,包括诉讼、非诉讼以及多元化的纠纷化解机制在我国社会的运用。而经典马克思主义理论关于生产力和生产关系的矛盾、经济基础和上层建筑的矛盾分析,为科学地认识和理解我国社会矛盾冲突的发展规律提供了重要的理论指导。根据马克思主义冲突理论,社会冲突源于社会结构和制度设计。社会结构论的核心概念就是阶级斗争。马克思和恩格斯早在《共产党宣言》中就声称:一切既

---

　　① 荣敬本、崔之元、王拴正等:《从压力型体制向民主合作体制的转变:县乡两级政治体制改革》,中央编译出版社 1998 年版。

　　② Jonathan Unger and Anita Chan, "China, corporatism, and the East Asian model," *The Australian Journal of Chinese Affairs* 33 (1995), pp. 29-53; Unger Jonathan and Anita Chan, "Corporatism in China: A developmental state in an East Asia context," in Barrett McCormick and Jonathan Unger, *China After Socialism: In the Footsteps of Eastern Europe or East Asia?* (London: M. E. Sharpe, 1996).

　　③ B. Michael Frolic, "State-led civil society," in Timothy Brook and B. Michael Frolic, *Civil Society in China* (New York: Routledge, 1997).

　　④ 胡洁人:《使和谐社区运转起来:当代中国城市社区纠纷化解研究》,上海人民出版社 2016 年版。

　　⑤ 陆益龙:《转型中国的纠纷与秩序:法社会学的经验研究》,中国人民大学出版社 2015 年版,第 5 页。

有社会的历史就是阶级斗争的历史。马克思认为,纵观人类历史,阶级斗争是历史和社会变迁的核心因素,也是认识当前社会的关键。阶级概念是马克思社会冲突理论的基本概念。应用到我国社会转型的背景下,一方面,将我国社会的特殊情况和特征与西方理论结合起来,进行对话和交流;另一方面,可以基于中国的经验和现实,发展本土的矛盾纠纷化解理论。本书提出"党建吸纳社会"的理论概念:一方面,通过中介组织即群团组织对社会组织开展党建从而实现更有效的社会治理和矛盾纠纷的预防化解;另一方面,由群团组织直接孵化社会组织可以更有针对性地培育满足社区需求的特定领域社会组织,提高社会组织的能力,提高其提供服务的水平。这在一定意义上可以丰富和发展中国政治社会学、法社会学的基本理论。

其次,群团组织作为社会矛盾纠纷多元化解的重要力量,对其参与纠纷解决和社会治理的研究丰富和发展了非诉讼以及多元化纠纷化解的理论和实践。特别与我国传统青睐的人民调解[①]、大调解机制[②]、关系型压制(relational repression)、非正式强制、专业律师介入调解[③]等纠纷化解方式相比,妇联介入纠纷化解提供了一种法律之外的灵活有效解决纠纷以及维护社会稳定的方式。

最后,本书的研究结果与有些学者认为我国社会大大推动了社会抗争不同,现实证明我国现阶段的社会组织基本难以发动或影响群体性抗争行为。相反,它们自己更多陷入合法性的困境和一个相对缩小的独立空间。因此,对群团组织、社会组织和政府三方互动的观察,不仅有助于分析和解释国家、群团组织和社会组织之间的互动关系和运作机制,更重要的是还可以看到一种"隐性"的合作、吸纳和排斥,理解

---

① Xiaohua Di and Yuning Wu, "The developing trend of the people's mediation in China," *Sociological Focus* 42:3 (2009), pp. 228-245.

② Jieren Hu, "Grand mediation in China," *Asian Survey* 51:6 (2011), pp. 1065-1089.

③ Ruoting Zheng and Jieren Hu, "Mediating state-society disputes in China: Outsourced lawyers and their selective responses," *China Information* 34:3 (2020), pp. 383-405.

国家如何有效实现新时代的社会治理,加强对社会组织的领导和建设,令其成为更具中国特色的社会团体。

三、核心概念与现有理论

(一)国家社会关系的相关概念、流派和理论观点

中国共产党来自人民、植根人民,在革命与建设过程中形成了密切联系群众、组织动员群众的两条根本性路径:一是通过政党自身的网络直接联系与组织广大民众;二是在外围建立群团组织以整合各阶层群众。从源头上看,中共一大通过的《中共第一个决议》开篇就说,"本党的基本任务是成立产业工会"[①]。1921 年 11 月,陈独秀签发的中央局通告指出,"全国社会主义青年团必须在明年七月以前超过二千团员","各区必须有直接管理的工会一个以上","议决以全力组织全国铁道工会","青年团"及"女界联合会"改造宣言及章程日内即寄上,望依新章从速进行。[②] 自此,中国共产党已将群团组织视为宣传动员广大民众的斗争工具,以革命思维和解放逻辑组建和发展这些组织。[③]

因此,研究中国的国家社会关系,不可避免地应当重点分析和解释为什么中国共产党从成立之初就把群团组织定位为联合各阶层群众的桥梁组织?其重要性体现在哪些方面?为什么随着我国社会组

[①] 中共中央文献研究室、中央档案馆编:《建党以来重要文献选编(1921—1949):第一册》,中央文献出版社 2011 年版,第 4 页。

[②] 中共中央文献研究室、中央档案馆编:《建党以来重要文献选编(1921—1949):第一册》,中央文献出版社 2011 年版,第 47-48 页。

[③] 胡献忠:《改革开放以来群团组织研究述评》,《中共云南省委党校学报》2015 年第 5 期,第 144-150 页。

织的日益壮大,群团组织的作用依然不可忽略,也非社会组织可以替代？这就需要将对群团组织的研究与国家社会关系联系起来,通过分析群团组织的发展和功能变迁来反映国家与社会组织的互动关系,因为在很多情况下,社会治理和纠纷化解都伴随着不同程度国家权力的渗透和干预。[①] 在马克思主义政治学中,社会冲突被认为是结构性的阶级互动的必然产物,是伴随着阶级之间压迫与被压迫而产生的,其目的是改变阶级压迫与被压迫的关系。冲突无法在以统治阶级为主体的既有体制内获得解决,唯有通过对整个社会生产方式的改变,扭转阶级之间压迫与被压迫的关系,才能解决社会冲突。基于对马克思阶级冲突和国家关系的理解,米立班德(Miliband)在《马克思主义与政治学》一书中认为,压迫与冲突是内在于阶级社会中的,基本上受到社会特殊生产方式的制约,社会的各类冲突都是直接或间接地从阶级冲突中衍生出来的,是与阶级冲突有关的。[②] 为什么马克思可以用"压迫者与被压迫者"来理解所有的社会冲突？米立班德指出,因为按照马克思的观点,社会冲突基本上都是因为统治阶级想尽可能地剥削被统治阶级的劳动力,被统治阶级则企图改变甚至终止他们被剥削的情况而导致的。从米立班德的这种理解出发,就马克思而言,社会冲突是在阶级压制与反压制的过程中表现出来的,阶级压制有经济、政治和文化等不同却相关的方面,但阶级压迫不可能是纯粹经济或文化层面的,其必然具有政治的意涵以及政治的内容,经济和文化的压迫通过政治的压迫得以外化。

从这个意义上回顾我国群团组织的发展历史,辛亥革命推翻了清王朝的统治,结束了中国两千多年的封建君主专制制度,中国深刻的社会变革由此拉开了序幕。"组织起来"成为辛亥革命之后中国现代

---

① 对纯粹个人之间的矛盾,国家权力一般较少介入;对那些应由司法程序裁决的冲突,国家权力不应该进行干预;而一些应该通过市场调节解决的问题,只有在市场失灵时才需要政府出面干预,当然政府也并非能解决所有问题,但不表示这些情况下完全没有政府的干预。

② Ralph Miliband, *Marxism and Politics* (Oxford: Oxford University Press, 1977).

文明建设的前提条件。为此,在政治层面,各类政党纷纷登台;在社会层面,各类组织大量涌现。正是在这样的背景下,本着"为中国人民谋幸福、为中华民族谋复兴"的初心和使命,中国共产党应运而生。青年既是革命的重要力量,也是未来的希望所在。因此,在建立之初,中国共产党就着手筹建青年团。随后,为了有效组织工人阶级以及推动妇女解放,中国共产党积极开展工人运动和妇女运动,组建工会、建立和联系各类妇女组织。此后,工会、青年团以及妇女组织就成为中国共产党联系和组织群众的重要桥梁纽带。

工会、青年团和妇女组织之所以能够成为中国共产党最重要的联系群众的组织化载体,除了历史原因,还是由中国共产党的政党性质以及其所承载的历史使命决定的。作为马克思主义政党,中国共产党是以推动人类解放和进步以及实现民族复兴为使命的。根据马克思主义原理,要解放人类,就必须解放一切被压迫者。要解放一切被压迫者,就必须将这些力量组织起来。在现代社会条件下,在经济生产领域,工人阶级是被压迫者;在家庭生活领域,妇女群众是被压迫者;在社会主体人群中,青年人处于相对弱势,而同时青年又是面向未来的。因此,在经济生产领域将工人组织成工会组织,在社会生活领域将妇女组织成妇女组织,在整个社会中将青年组织成青年组织,并在党的领导下进行斗争和活动,就成为以马克思主义为指导的中国共产党组织群众完成解放和建设任务的重要群众工作内容。①

对于当代西方国家与社会关系理论而言,虽然有些理论的发展可以追溯得更远,但近代西方政治思想家所宣扬的消极国家观、社会制约权力、"小政府、大社会"等理念却是国家与社会关系的理论与实践最为直接的来源。因此,梳理与透析近代西方国家与社会关系理论的思维逻辑与内在特点就显得尤为重要。近代西方国家与社会关系理

---

① "健全群团工作体系　推进国家治理现代化",宁夏消防协会,2020 年 8 月 18 日,http://www.nx119.org.cn/NoticeImg.aspx? ID=844,检索日期:2020 年 9 月 18 日。

论围绕着在个人权利的实现中国家与社会孰主孰次、孰轻孰重这一问题出现了重大的分野：一派主张以国家为中心，强调国家的作用与价值，属于国家主义；另一派强调以社会为中心，突出社会的能力与意义，属于多元主义。沿着这一理论分野逐渐形成了两条思维路径，即"国家路线"和"社会路线"。①

与社会路线相比，国家路线更关注国家相对于社会的角色和作用，社会的作用被认为是可大可小、可有可无的。自马基雅维利（Machiavelli）开始，经博丹（Bodin）、霍布斯（Hobbes），再到黑格尔（Hegel）走的就是这条路线。现代意义上把国家视为一种抽象的公共权力的观念在文艺复兴时期就已经萌芽。② 马基雅维利将国家利益看作是政府行为合法性的源泉；君主可以为了国家的利益而不惜任何手段；手段要为目的服务，目的可以说明手段的正当性，国家可以依据"国家理由"（reason of state）行事。③ 作为探究近代国家概念先行者的博丹则赋予国家以现代意义。他发现主权才是国家的本质，国家就是由"许多家庭及其共同财产所组成的、具有最高主权的合法政府"④。因此，主权具有绝对性、永久性和至高无上性。此二人均出于简单的政治价值取向，没有论述公共权力产生的基础以及主权者与社会个体的关系，也就未能完全揭示国家路线的核心内容。

对国家路线进行系统阐述的是霍布斯。借助社会契约，霍布斯告诉人们，在订立契约时人们让渡了全部权利，而主权者却没有参加契

---

① 庞金友：《近代西方国家与社会关系理论的逻辑与特点》，《天津社会科学》2006年第6期，第63-66页、第72页。

② 斯金纳认为，近代国家概念是一种抽象的国家观念，表示一种与统治者和被统治者相互分离的公共权力。而这种国家观念的形成则是一个漫长的历史过程。这一过程从15世纪文艺复兴运动时期一些城市共和国政治思想家使用"state"一词来表示国家开始，经马基雅维利，最后于16世纪后期完成。而博丹的主权理论正是针对这一转变过程的总结，参见 Quentin Skinner, *Visions of Politics Vol II*（Renaissance Virtues, New York: Cambridge University Press, 2002）。

③ 马基雅维利：《君王论》，徐继业译，光明日报出版社2006年版，第4页。

④ 博丹：《国家论六卷（英文版）》，纽约，1955年，转引自徐大同主编：《西方政治思想史》，天津教育出版社2000年版，第25页。

约,因而后者不受契约的约束,其权力是绝对的、至高的、无限的。不过,主权者的权力也有底线——为权利让渡者保留保卫自己生命而抵抗他人侵害的权利和权力。这样,霍布斯眼中的主权者实际上是"一大群人相互订立信约,每人都对他的行为授权,使其能够以有利于大家的和平与共同防卫的方式运用全体的力量和手段的一个人格"①。这个"人格"是公共权力的一个抽象体现。霍布斯坚持个人权利是国家权力的基础,但在个人权利与国家权力的对立中,他却倾向于国家权力。霍布斯第一次以清晰的语言将现代国家观念明确表达出来,从而奠定了西方近代国家学说的基本原则,也建构了国家与社会关系的最初模式。按霍布斯的理论,社会确实能够受到国家的保护,但事实上,除那些国家承诺的、几乎不可能实现的"消极自由"外,社会更多受到的是国家权力的支配、侵扰和渗透。霍布斯使国家拥有了保护与支配社会的角色与使命,同时也拥有了相对于社会的绝对优势,从而开创了西方国家与社会关系理论的一个价值取向,深深地影响了后世。

黑格尔的视野较霍布斯开阔,他将社会看作历史的产物,是人类的第二种道德组织形式。② 出于私利,社会中充满了无休止的冲突与斗争。对私利的克服只有通过国家才能实现。因为国家不仅代表着公共利益,同时还能保证个人和其他社会组织的特殊利益。正因此,不仅不应该将国家置于社会的对立面,还应当由国家来控制社会。黑格尔的国家观以更理论化的言语表达对国家的崇拜:国家本身是目的,个人和社会是为国家而存在的;个人的自由与权利,只有符合实现国家这一最高目的时才有意义。此时,国家已不仅是中心,而且是个人乃至整个社会的本质与意义之所在。无疑,黑格尔将国家路线发挥到了极致。

对应国家路线的社会路线则对国家持消极态度,通过社会契约论

---

① 霍布斯:《利维坦》,黎思复、黎迁弼译,商务印书馆1995年版,第132页。

② Friedrich Hegel, *Philosophy of Right*, trans. by S. W. Dyde (New York: Prometheus Books, 1996).

宣传和倡导社会的先在性，又通过论述经济领域存在的合法性证明社会的外在性。洛克（Locke）①、潘恩（Paine）②、孟德斯鸠（Montesquieu）③和托克维尔（Tocqueville）④等坚持社会路线的正确性。同是基于个人主义的思考，同是以社会契约为逻辑起点，洛克与霍布斯的结论却截然不同。洛克不大信任国家权力，对其与个人权利的冲突表示担忧，更强调社会的非政治性。尽管他未完全区分国家与社会，但他主张国家基于契约委托所产生的立法权与司法权要对社会负责；社会是先于国家而存在的，国家只有工具身份。⑤洛克所设定的这种关系范式——正如一些学者所注意到的——引出了两种"思想导向"：一是对限制国家权力、维护个人权利的宣传和倡导，二是对社会摆脱国家干预自治的自信。⑥

对社会路线进行系统阐述的是托克维尔。托克维尔认为，由选举产生的国家专制主义对现代社会构成了威胁和冲击，其打着民主的旗号，实际使社会沦为国家权力的支配之物。虽然积极而强大的政治机构是自由和平等的必要条件，但必须防止权力垄断。由此，他提出了"以社会制约权力"的思路，主张将政治权力分配给多元的社会部门，突出公民行动的民主意义，要充分发挥"社会的独立之眼"的屏障作用。在他看来，拥有多元且独立于国家之外的自治组织的"社会"是民主的一个不可或缺的条件；没有社会制约的国家权力是危险的和无法

---

① John Locke, *Second Treatise of Government* (Indianapolis: Hackett Publication Co., 1980).

② Thomas Paine, *Common Sense* (Philadelphia: The Connecticut Courant, 1776).

③ Charles de Secondat and Baron de Montesquieu, *The Spirit of Laws*, trans. by Thomas Nugent (London: J. Nourse and P. Vaillant, 1750).

④ Alexis de Tocqueville, *Democracy in America*, trans. by George Lawrence and J. P. Mayer (Garden City: A Doubleday Anchor Books, 1969).

⑤ John Locke, *An Essay Concerning Human Understanding* (Oxford: Oxford University Press, 1999).

⑥ 邓正来：《市民社会与国家——学理上的分野与两种架构》，载邓正来、J. C. 亚历山大编：《国家与市民社会：一种社会理论的研究路径》，中央编译出版社 1999 年版，第 93-95 页。

遏制的,是对专制主义的放纵。①

　　显而易见,国家路线与社会路线有一个共同特点:在关注国家或社会一极的同时,忽略了另一极的地位与作用。要么单纯强调国家对社会的安全保障、利益整合和福利供给,成为"国家中心型社会"(state-centred society);要么片面强调社会与国家的分离与对立,宣传和倡导社会的自主和自治,忽略国家与社会的统一,成为"社会中心型国家"(society-centred state)。这一倾向在 20 世纪得到了较好的校正。进入 20 世纪后,国家路线与社会路线趋向交融与整合。虽然当代各种新型国家与社会关系理论之间仍有争论和意见分歧,但都开始关注国家与社会的统一性和权利的相对平衡性,而不仅仅只关注单一国家或单一社会。② 但通过各个流派对国家与社会的关系风格迥异的定位与诠释,国家路线与社会路线的两条暗线犹在,这也是当代西方国家与社会关系理论的一大特色。

　　米格代尔(Migdal)在 1988 年出版的《强社会与弱国家:第三世界的国家社会关系及国家能力》和 1994 年出版的《国家权力与社会势力:第三世界的统治与变革》两本书,可以说是国家与社会关系研究领域的经典著作。③ 米格代尔在《社会中的国家:国家与社会如何相互改变与相互构成》中明确提出了"国家的社会嵌入与互动论"(state-in-society)分析范式,将国家嵌入社会(state embedded in society),并与

---

　　① Alexis de Tocqueville, *Democracy in America*, trans. by George Lawrence and J. P. Mayer (Garden City: A Doubleday Anchor Books, 1969).

　　② 新自由主义坚持积极国家观,宣导以福利国家和政府干预为特征的"大政府"理论,认为大政府不仅可以增进社会的团结与和谐,促进个人与公共利益的平衡,实现社会权利与国家权力的统一,还与权利优于善的价值论和多元民主观协调一致。而保守自由主义则认为,在自发秩序的引导下,市场经济可以自足自治;国家行为存在内在悖论,政府也会失灵;政府干预作用有限,弱政府才是最佳选择。参见庞金友:《大政府是如何可能的:当代西方新自由主义国家观及其批评》,《甘肃行政学院学报》2007 年第 4 期,第 34-39 页。

　　③ Joel S. Migdal, *Strong Societies and Weak States: State-Society Relations and State Capabilities in the Third World* (Princeton: Princeton University Press, 1988);Joel S. Migdal, Atul Kohli, and Vivienne Shue, *State Power and Social Forces: Domination and Transformation in the Third World*(New York: Cambridge University Press, 1994).

社会发生互动,而且两者处于一种相互转换(mutual transformation)的过程之中。① 他把国家结构本身作为社会组织,通过对之解构,即将其分解为各级政府层次、各种政策领域和各个国家部门来进行分析。米格代尔又于2006年推出《边界与归属》一书,对上述模型加以验证、应用和发展。②

"国家的社会嵌入与互动论"是作为对新国家主义的回应而提出的。新国家主义认为,国家是有着自身偏好的自主的行为主体,并且国家与社会是非此即彼的关系,属于"国家—社会对立论"(state versus society),两者在权力关系上属于零和博弈。而"国家的社会嵌入与互动论"则令人们关注社会在促进或阻碍国家行为方面的作用,而且就此意图而言,国家与社会的关系不一定是一种零和博弈关系,它既可以是正和博弈(即"双赢"),也可以是负和博弈(即"两败俱伤")。③ 个人、社会和国家的分界是通过互动内生出现的,是相互转变的,不是一成不变的。这一分析方法与之前国家中心论或社会中心论以及哈贝马斯认为的"公共领域"即市民社会独立于国家的分析范式形成了鲜明对照。

"国家的社会嵌入与互动论"的分析范式的进步之处是认为私人领域(个人权利)、市民社会、有限政府的形成是通过互动内生而成的。这意味着社会还可分化为私人利益和公共利益两大体系,即私人领域和公共领域。因此国家、私人领域和市民社会之间存在着较量和推拉的关系。私人领域和社会组织的形成和发展能够促成有限政府,从而达到多赢的局面。

---

① Joel S. Migdal, *State in Society: Studying How States and Societies Transform and Constitute One Another*(New York: Cambridge University Press, 2001).

② Joel S. Migdal, *Boundaries and Belonging: States and Societies in the Struggle to Shape Identities and Local Practices*(New York: Cambridge University Press, 2006).

③ Sheri Manning-Cartwright, "State-in-society or state versus society? Crisis and contention in the Post-communist world," paper prepared for the Annual Meeting of the American Political Science Association, San Francisco, CA, August 30-September 2, 2001.

从整个西方社会来看,第二次世界大战后,随着凯恩斯主义的失灵,福利国家出现危机,这也促使一部分学者呼吁限制国家的权力和活动范围,向社会回归。国家中心论开始衰落,学者期待非官方的、扎根于共同体的组织,认为它们比国家更能解决所面临的实际问题。20世纪80年代起,随着治理和善治理论的兴起,国家权力重新向社会回归,关注市民社会的理论家和学者开始从政治社会学的角度对此开展研究。

法团主义的视角始于施密特(Schmitter),施密特将其界定为"一种利益代表系统"。在这一系统里,"成员单位被整合进一个数量有限、单一化、强制性、非竞争的、等级化与功能分殊的组织序列,这些组织获得国家承认或授权。他们通过让渡领导人的选择以及需求表达的自由来换取在特定组织中协商性的、代表性的垄断地位"[①],即在国家这一层面,政府只承认一个代表部门利益的组织,并且有权决定哪个组织是合法代表。同时,这些被"钦定"的组织往往代表国家利益进入决策制定的过程,协助国家完善政策。在对东亚模式研究的基础上,昂格尔(Unger)和陈(Chan)进一步认为,法团主义通常包含国家与利益群体组织之间的多重工作关系。一个积极介入的国家协调着不同部门的组织关系,但介入的前提是政府是公共产品的守护者,且国家利益超越地方利益。但在这一框架内,国家并非直接控制,它赋予组织在某些领域内一定程度的自由,同时为了确保上层达成的合约与协议能被有效地执行,政府要求这些组织对他们的成员进行规训和控制。[②]

昂格尔和陈也认为,法团主义更适合用于解释中国社团组织的发展。一方面,完备的政府机构、极强的国家自主性、集体本位的儒家文

---

① Philippe Schmitter,"Still the century of corporatism," *The Review of Politics* 36:1(1974), pp. 85-131.

② Jonathan Unger and Anita Chan, "China, corporatism, and the East Asian model," *The Australian Journal of Chinese Affairs* 33 (1995), pp. 29-53.

化为法团结构在中国社会的生长提供了有利条件；另一方面，伴随着经济自由化，国家也需要以法团主义为替代机制来实现对社会的有效控制。① 法团主义的视角虽然可以很好地描绘自上而下控制的特征，展示市民被整合进垂直结构的过程，但却易冒忽略国家—社会关系变迁的重要元素及将动态过程简单化的风险。②

中国正处于社会转型期，随着利益关系的调整，各类复杂的社会矛盾问题频发。为了更有效地预防和解决各类矛盾纠纷，法院、司法行政机关及地方政府均致力于构建适应中国社会的多元化纠纷解决体系，以推进新时代"枫桥经验"和基层社会综合治理，更好地保障社会稳定和健康发展，加快推进社会治理现代化。其中，如何充分发挥各类基层组织的特定功能和优势，尤其是发挥群团组织和社会组织在化解矛盾纠纷中的作用，一直是一个重要课题。本书认为，对当前中国社会的冲突处理，尤其是影响较大的群体性纠纷的研究，可以看到国家与社会的互动关系在一定程度上处于米格代尔所谓的国家与社会互相改造的过程中，但"国家嵌入社会"的模式未必可以适用于解释中国的发展现状。

一方面，为了依托社会组织来处理大量的社会矛盾和纠纷，国家的确在一定程度上承认社会组织的独立性。1998 年颁布的《民办非企业单位登记管理条例》③允许社会组织在国家法律许可范围内登记注册。但有学者指出，在现实中一些群团组织形成了垄断管理的效应，而《民办非企业单位登记管理条例》规定的双重监管体制也塑造了这些社会组织半官半民的"双重性格"。④ 2014 年，党的十八届四中全

① Jonathan Unger and Anita Chan, "Corporatism in China: A developmental state in an East Asia context," in Barrett McCormick and Jonathan Unger, *China After Socialism: In the Footsteps of Eastern Europe or East Asia?* (London: M. E. Sharpe, 1996).

② Tony Saich, "Negotiating the state: The development of social organizations in China," *The China Quarterly* 161 (2000), pp. 124-141.

③ 详见附录一。

④ 赵辉：《社会分层新走势与新政治局面的形成》，《中共南京市委党校南京市行政学院学报》2003 年第 2 期，第 45-50 页。

会通过了《中共中央关于全面推进依法治国若干重大问题的决定》,其中肯定了社会组织的积极作用,并要求充分发挥人民团体和社会组织在法治社会建设中的积极作用,建立健全社会组织参与社会事务、维护公共利益、救助困难群众、帮教特殊人群、预防违法犯罪的机制和制度化渠道,支持行业协会商会类社会组织发挥行业自律和专业服务功能,发挥社会组织对其成员的行为导引、规则约束、权益维护作用。因此,国家在一定程度上越来越依赖社会组织参与社会事务管理并承担部分任务,以减轻政府的负担。社会组织也在与国家的互动中不断增强和发展自身的独立性和自主性。

另一方面,必须认识到中国的市场竞争与法律体系正在不断发展完善。当前对社会组织的管理采取的是双重监管制度,这些组织往往需要依托特定的政府部门以获得合法性地位,并由此享受特定的优惠、保护政策。然而,这一制度安排在一定程度上限制了社会组织的独立性和自主性,对它们的自我发展与创新能力构成了潜在的制约。学者弗洛里克(Frolic)在其与布鲁克(Brook)编著的书中提出了以"国家主导的市民社会"(state-led civil society)的概念来分析中国的社会状况。① 鉴于中国政府对社会组织自上而下的管理模式,弗洛里克认为,中国的社会组织是在他列举的四种社会形态之外的"国家主导的市民社会"模式,意指国家主导下的各类社会组织和准行政单位,其运作的目的是协助国家管理各种经济和社会事务。② 在这个模式中,中国共产党处于支配地位,与其他国家创立的社会组织和准行政单位那样对社会进行管理。这种特殊的社会组织模式是一种具有中国特色

---

① B. Michael Frolic,"State-led civil society,"in Timothy Brook and B. Michael Frolic, *Civil Society in China*(New York:Routledge,1997).

② 弗洛里克认为通常可以从四个不同角度研究社会,即平行于国家的市民社会(Civil Society as a parallel polis);具有公民身份的市民社会(civil society as citizenship);作为政治发展的市民社会(civil society as political development)和治理性质的市民社会(civil society as governance),而中国是居于这四种之外的,参见 B. Michael Frolic,"State-led civil society,"in Timothy Brook and B. Michael Frolic, *Civil Society in China*(New York:Routledge,1997),pp. 49-56.

的社会组织存在形态。

弗洛里克主要通过研究中国四种形式的组织来论证中国的社会是在国家主导下运作和发展的。这四种形式的组织包括新型的村民选举组织、以"希望工程"为例的非政府组织、以萧山为例的浙江社会组织和以厦门为例的福建行业协会。这四种形式的组织确实在一定程度上体现了中国现代化国家对社会组织发展的扶持和相应的控制，但缺乏对中国重要大城市，如北京、上海、天津、重庆等直辖市社会组织发展的研究。由于大城市在政治、经济上的关键性地位，城市民间社会组织的发展更受政府重视，享受更大的培育和扶持力度。

实际上，目前对国家主导的各类社会组织不宜用"市民社会"这个词来定义，我们需要立足于中国的实际环境，重新审视国家与社会的关系。本书寄希望于通过对尚未深入研究的群团组织及其在连接国家和社会中的重要作用之深入调研分析，提出一种更适合于解释当前我国新时代国家与社会互动关系的理论模型和概念框架，并对社会治理中存在的问题给出解决的方案和建议。

（二）多元化纠纷化解的核心概念及现有理论

近年来，随着我国经济社会的发展，社会矛盾纠纷发生了很多新变化，主要体现在矛盾纠纷主体多元化、类型更加多样、解决难度加大三个方面。[①] 针对我国社会矛盾纠纷纷繁复杂的社会冲突，人民法院也开始调整司法政策，逐步推动将多元化纠纷解决机制发展成为核心力量。2002 年 9 月，中共中央办公厅、国务院办公厅转发《最高人民法院、司法部关于进一步加强新时期人民调解工作的意见》，推动人民调解走向复兴。最高人民法院从 2004 年开始，连续四个司法改革五年纲要都将促进多元化纠纷解决机制作为重要目标，建立了一批试点和

---

① "司法部解析社会矛盾纠纷变化从四方面着手应对"，中国新闻网，2018 年 4 月 27 日，https://www.chinanews.com.cn/gn/2018/04-27/8501501.shtml，检索日期：2023 年 12 月 20 日。

示范法院，推动了一系列重要的创新。同时注重与各相关行政部门和社会组织协作，2009 年制定发布了《关于建立健全诉讼与非诉讼相衔接的矛盾纠纷解决机制的若干意见》，2011 年同 16 家单位共同签署了《关于深入推进矛盾纠纷大调解工作的指导意见》，并通过与相关部门会签协议等方式推动专业性、行业性调解的发展。2015 年 4 月 9 日，最高人民法院在四川眉山召开"全国法院多元化纠纷解决机制改革工作推进会"，将这一工作推上新的台阶。与此同时，各地各级人民法院通过实践创新在本地多元化纠纷解决机制的发展中发挥了引领作用：支持人民调解和仲裁、对调解协议进行司法确认、法官进入基层社区指导、培训基层人民调解，建设诉调对接平台，引入社会力量参与法院诉前调解、特邀调解、协助调解，引导当事人以非诉讼方式解决纠纷等。

相应地，学界也意识到了诉讼过程中的高成本及其局限，尤其针对我国法院"诉讼爆炸"[①]和难以有效化解一些复杂的涉及历史遗留问题的矛盾纠纷，不少学者开始引进并提倡使用"替代性纠纷化解"（alternative dispute resolution，ADR）机制，并且结合中国的国情和司法实践经验，倡导非诉讼纠纷化解机制，建立多元化的纠纷化解体系。国内关于 ADR 的研究中非常重要的学者就是范愉教授，她系统介绍了 ADR 原理并且认为多元化纠纷化解机制的合理性归因于社会主体对纠纷解决方式需求的多样性。[②] ADR 在中国社会的应用适宜性源于我国当前社会结构与文化背景的多维度特征。具体而言，中国社会在利益格局、社会主体间关系、价值观念、文化传统以及纠纷解决手段等方面表现出显著的多元化和多样性，为 ADR 提供了丰富的土壤。一直以来，有关中国古代社会厌讼、无讼的论断，被视为理解中国问题的前提。直到今天，由于思维定式和知识更新的迟延，中国法学界和

---

① 左卫民：《"诉讼爆炸"的中国应对：基于 W 区法院近三十年审判实践的实证分析》，《中国法学》2018 年第 4 期，第 238-260 页。

② 范愉：《非诉讼程序（ADR）教程》，中国人民大学出版社 2012 年版，第 11-12 页。

国际比较法学界仍有很多学者对此深信不疑,认为无讼、厌讼依然是中国民众对待纠纷的主流态度。① 如日本夫马进教授指出:"迄今为止,欧美的多数研究者可能都认为,在古代中国,作为维持社会运行的机制,相对于法或权利而言,更为优先的是服从于以儒家伦理为基础的礼制或谦让。或者说,一般认为,人们在将纠纷诉诸法院之前,通常可以通过亲属关系的纽带或村落共同体在内部加以解决。这种情况是所谓专制统治体制所特有的、与民主社会相反的现象。为了实行专制统治,统治者希望民众服从于儒家伦理,尽可能少提起诉讼,为了追求这一目标,可能会竭力阻止民众将纠纷提上法庭。或者说,在古代中国,只有与专制统治密切相关的刑事法庭受到高度重视,但与此相反,民事法庭则很不发达。然而,这种想法其实完全是一种误解,不过只看到了传统中国社会的一个方面。"②

不可否认,在中国文化传统中,用诉讼方式解决双方的矛盾纠纷通常带有负面的价值取向,即人们把诉讼视为"不得已而为之"的途径。根据范愉教授的论点,实际上中国人并非厌恶或恐惧诉讼,这种现象其实是与整个司法政治制度紧密联系的。"诉讼社会"之所以成为严重的社会问题,并非只是由于诉讼案件和涉讼人员数量众多以及社会为此付出的巨大成本,更严重的在于滥讼、缠讼、渎讼现象。③其中"滥讼"是指轻率诉讼、恶意诉讼、虚假诉讼和诉讼欺诈泛滥,所谓"无谎不成词""十状九诬";"缠讼"则是指诉讼程序混乱,民事纠纷与刑事案件交织不清,多个纠纷、争点和当事人错综纠缠,越级上告频频发生,导致诉讼无休无止、难以终结;"渎讼"则是指当事人在诉讼中既不尊重事实,也不尊重法律、情理和官府权威,而是将诉讼视为一场赌

---

① 范愉:《诉讼社会与无讼社会的辨析和启示——纠纷解决机制中的国家与社会》,《法学家》2013年第1期,第1-14页、第176页。

② 夫马进编:《中国诉讼社会史研究》,范愉、赵晶等译,浙江大学出版社2019年版,第4-5页。

③ 范愉:《诉讼社会与无讼社会的辨析和启示——纠纷解决机制中的国家与社会》,《法学家》2013年第1期,第1-14页、第176页。

博,通过抬尸闹丧、寻死觅活、聚众威胁等手段,试图混淆视听,竭尽亵渎司法之能事。[①] 在这种情况下,尽管官府试图通过诉讼解决纠纷,实现政权的统治和社会正义,但实际上,诉讼却往往成为恶意欺诈、无理取闹、巧取豪夺的博弈场,并交织着讼师等利益群体的推波助澜和贪官污吏的暗箱操作。

这种情况使基层政府在应对滥讼、缠讼、渎讼的过程中极为被动、力不从心,致使司法权威受到严重威胁。也因此,一些地方不得不采取各种措施禁止、限制或调控诉讼,除了公然采用告状不受理(不准)、监禁讼师、打压诉讼等对策,也不乏通过道德教化和依靠民间调解等措施来消解讼累。至于这些措施能否奏效,则往往取决于政府工作人员本人的廉洁和执政能力[②],并与地方经济和社会结构乃至整个统治秩序的状态直接相关。这些"能动"或"创新"措施导致各地之间形成明显差异,而中央政府也默许或听任这些地方性对策的存在。相关史实表明,在特定时期和地区,滥讼的失控与"告状难"、积案多,构成了积重难返的恶性循环。

也正因此,在中国社会,基层矛盾纠纷随着社会结构的变迁而出现多元化的趋势和特征,要找到"灵丹妙药"以消灭一切纠纷是不现实的,也是不合实际的,人类社会必然充满了各类矛盾纠纷。因此,应当试图探索超越乌托邦的、理想化的幻想,而努力依据本土的社会情况和经验来构建包含各种策略、途径、方法和技巧的纠纷化解方式,并结合不同的矛盾纠纷在现实中的演化规律,寻求将多种纠纷化解方式加以有机结合,动态调整,以达到更有效地预防矛盾纠纷激化和有效化

[①] 夫马进编:《中国诉讼社会史研究》,范愉、赵晶等译,浙江大学出版社 2019 年版,第 89-106 页。

[②] 一些清官、名公对诉讼当事人往往较为宽容,在认真处理诉讼的同时,他们也会对诉讼当事人的好讼行为和健讼的社会现象大加鞭挞。一些明智的政府工作人员则采用在受理阶段进行询问等手段来甄别欺诈诉讼。但相关史料表明,在多数情况下,相对"无讼"的状态主要是通过廉政、道德教化和扶持社会自治来实现的,参见范愉:《诉讼社会与无讼社会的辨析和启示——纠纷解决机制中的国家与社会》,《法学家》2013 年第 1 期,第 1-14 页、第 176 页。

解矛盾的目的。① 纵观我国的各类纠纷化解机制,从 21 世纪初至今也呈现出与时俱进的特征②,各地在不同时间,根据不同的社会矛盾情况调整策略,这种基层纠纷化解的动态调整也是多元化纠纷化解机制的一大特征。相比司法和诉讼,多元化纠纷化解更能起到有效应对具体情况和特定时期的社会问题的效果。

　　我国社会进入新时代,要应对新时代的社会问题和主要矛盾,法治建设变得更为重要和急迫。法律意识淡薄必然导致部分民众遭遇矛盾、处理纠纷时的行为违反法律规定,容易导致矛盾升级和失控,甚至导致损失惨重的社会恶性事故。因此,需要发挥法律在社会秩序构建中的积极功能和作用,结合社会学对法律主义(legalism)或法律信仰进行探究。范愉教授曾对中国"法律信仰"的命题提出了批判,认为建立法治的途径不能依赖法律信仰,而是应该加强法与社会的沟通,增强法的现实性、可行性、合理性与正当性。③ 她认为法律意识形态首先是指法律职业共同体的一种内部意识形态,可以视为其内部的职业信仰或信念;其次是指对"法律自治"的一种迷信,尤其是坚信法律可以独立于政治甚至道德而存在。法律主义在法治发展中具有重要的价值和历史作用,但是其僵化和教条也严重地影响其创新和进步。我国的法律信仰论者很大程度上是在助长这种法律意识形态,即法律职业共同体的内在信念。

---

　　① 陆益龙:《转型中国的纠纷与秩序:法社会学的经验研究》,中国人民大学出版社 2015 年版,第 5 页。

　　② 如近年来推广的"柔性治理""诉源治理"模式等。Jieren Hu, Tong Wu, and Jingyan Fei, "Flexible governance in China: Affective care, petition social workers, and multi-pronged means of dispute resolution," *Asian Survey* 58:4 (2018), pp. 679-703; Jieren Hu and Ying Wu, "Source governance of social disputes in China," *Critical Asian Studies* 55:3 (2023), pp. 354-376.

　　③ 范愉:《法律信仰批判》,《现代法学》2008 年第 1 期,第 10-17 页。

四、结构安排及应用价值

进入新时代,新形势下的中国社会面临诸多社会转型和经济发展的问题和困难,有些长期得不到解决的棘手问题一旦激化,会引发更深层次的社会矛盾。这些问题由来已久,与历史发展过程中的一些制度安排缺失、司法体制不够完善以及缺乏有效的救济渠道不无关系。群团组织作为党联系群众最重要的桥梁,在新时代做好党的群团工作具有重大意义。习近平总书记多次强调,要"切实保持和增强党的群团工作和群团组织的政治性、先进性、群众性"[①],为党的群团工作与时俱进地开展指明了前进方向。鉴于中国共产党最大的政治优势是密切联系群众,做好群团工作有利于扩大党的群众基础,巩固党的执政地位。在"国家治理现代化"全新目标已经确立的今天,党的群团工作必须适应新变化、建构新模式。体制缺陷和结构性矛盾是导致我国社会群体性纠纷和社会张力的根本原因,特别是政府追求的和谐与现实制度下的实际情况存在冲突,导致我国很多矛盾纠纷在化解中存在各类不确定的因素。[②] 党的十九大报告明确提出,我国社会主要矛盾已经转化为人民日益增长的美好生活需要和不平衡不充分的发展之间的矛盾,将更为平衡和充分作为新时代改革发展的重要指向。这是对我国现阶段经济结构转型、改革瓶颈期与司法资源及效率相对滞后的客观供给的反映。因此,将群团组织纳入我国多元化纠纷解决的制度安排是顺应社会矛盾化解的需求、符合我国国情和社情的重要方式,也是有效化解各类矛盾纠纷的必然途径。当然这需要我们明晰群团组织的自身功能定位,改进当前群团组织存在的不足和问题,令其在

---

① 习近平:《习近平谈治国理政(第二卷)》,外文出版社 2017 年版,第 306 页。

② 胡洁人:《使和谐社区运转起来:当代中国城市社区纠纷化解研究》,上海人民出版社 2016 年版。

纠纷化解中充分利用自身特点协助推进社会治理和实现稳定和谐的目标。

本书重点关注我国新时代的群团组织,特别是作为最重要的群团组织的工青妇组织在参与多元纠纷化解和社会治理中的"柔性"作用,将多元纠纷解决机制置于国家、群团和社会三方互动的关系中考察。地方政府与群团组织的合作方式主要是为其提供支持和资源共享,通过委托群团组织购买社会组织服务的方式,间接筛选可以合作的社会组织,同时也通过群团组织对社会组织进行监督和考核。而社会组织因为需要在民政部门注册登记才能成立运作,所以群团组织的合作支持会更有利于其获得合法性,有助于其通过地方政府的考核,更重要的是获得更多有形的资助和无形的支持。群团组织物色、筛选与其理念一致、有共同目标和一定合作基础的社会组织,对其进行孵化,最终实现双赢的目标。这个过程一方面有利于如妇联按时、高质量完成民政部门分配的相关政治任务(如有效化解婚姻家庭纠纷),另一方面也可以帮助社会组织实现其成长和发展,更好地实现合作互动。特别是妇联作为维护和保障女性合法权利的重要组织,对其在购买社会服务及孵化社会组织、有效调解家庭纠纷及化解群体性信访纠纷方面进行深度剖析,突出和强调妇联维权干部队伍、妇女信访代理员队伍、妇女维权志愿者队伍和妇联干部人民陪审员队伍在有效应对各类基层矛盾纠纷及其有效化解中扮演着特殊的角色。家庭是社会最基本的单位,家庭矛盾和女性问题得到妥善满意解决,在很大程度上有助于缓解和处理好社会矛盾纠纷,避免问题激化和恶化。这里孵化的概念是从美国企业孵化演化而来,并将其应用到社会组织领域。如今我国的支持型社会组织、社会组织培育中心、公益组织孵化器、"枢纽型"社会组织等都强调在创始初期为中小社会组织提供服务以及资源支持等,完善社会组织的能力建设,令其快速成长。①

邓国胜根据政府主导部门的不同,将孵化的模式分为民政主导、基层政府主导、业务主管主导和专门机构主导四种模式。② 相比刚性的诉讼和法律途径,妇联作为群团组织与社会工作机构合作,就是通过专门机构主导的方式进行"柔性治理",在诉讼和非诉讼的纠纷化解机制之外发挥有效化解社会纠纷和推动社会治理的作用。本书的研究主要围绕群团组织如何在化解社会矛盾纠纷中发挥作用这个核心问题展开。本书重点研究的三大问题包括群团组织相比其他社会组织在化解社会矛盾中具有什么特点和优势? 如何克服群团组织的现有问题和不足,提升其参与社会治理和化解社会矛盾纠纷的能力? 如何通过化解矛盾增强群团组织在新时代的政治性、先进性和群众性,使其更好地服务广大人民群众,真正成为党连接人民群众的桥梁? 这一个中心三大问题主要通过结合法学、政治学和社会学的研究方法,以交叉学科的视角结合长三角地区的经验案例进行剖析。具体的研究思路如图 1.1 所示。

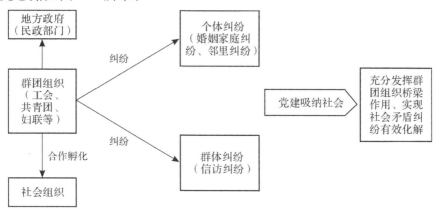

图 1.1　具体研究思路

---

①　闫薇:《社会组织孵化走向——社会组织怎样孵化?》,《中国社会工作》2016 年第 4 期,第 15-17 页。

②　邓国胜:《慈善组织培育与发展的政策思考》,《社会科学研究》2006 年第 5 期,第 119-123 页。

　　本书的第一章主要基于现有关于我国群团组织、国家社会关系及多元化纠纷化解的核心概念及相关学术理论,通过反思和批判分析,提出清晰的研究问题并阐明其学术意义。

　　第二章主要是对具体研究方法和调研设计的介绍,介绍案例选择的考量因素及原因,特别是个案的选取和基于扎根理论的分析依据。

　　第三章主要通过对法团主义相关理论的梳理和批判分析,详细介绍群团组织与国家社会互动中所反映的特征,特别是地方政府、群团组织和社会组织三方互动中折射了我国独特的国家与社会互相合作、竞争及存在的张力。由此提出"党建吸纳社会"的制度基础及国家、群团组织、社会组织之间三方互动的关系,这种特殊的关系可以反映出我国社会主义初级阶段的社会治理模式及其在新时代国家如何与社会更有效合作且减小社会组织带来潜在政治风险的独特经验。

　　第四章重点介绍我国群团组织的成立、发展和完善的历史背景和演变过程,特别与中国共产党的历史及我国不同时期的国情紧密结合,分析我国工青妇组织存在问题的根源,提出新时代群团组织改革的理论基础和现实意义,并突出其必要性,特别是如何引导群团组织参与社会治理、矛盾纠纷化解的方向和重点。

　　第五章基于新法团主义理论,通过妇联与律所的合作调解和化解个体婚姻类纠纷和群体信访纠纷,展示了地方政府、群团组织和社会组织之间的三方互动。尤其揭示了三方合作互动过程中的机制、目的和背后的理性选择,有助于理解新法团主义在我国具体实践中的意义和背后的影响因素。

　　在第五章的基础上,第六章深入探讨群团组织在参与社会治理和矛盾纠纷化解过程中存在的问题及原因。从而提出"柔性治理"的概念,详述其应用的制度基础和条件。在我国新时代全面推进依法治国的背景下,如何通过柔性治理来化解棘手的矛盾纠纷是群团组织优势和特色的体现。本章会重点阐述和强调透过这种优势发挥有效化解社会问题和矛盾纠纷的作用,并以"党建吸纳社会"的概念来统筹分析这种模式及其背后的深刻意义。同时,通过探讨国家、群团组织和社会组织在治理过程中各自的行动取向,来深入理解这三方实现自己理念和使命的不同方式。

第七章基于案例分析,提出群团组织在参与社会治理中提升和完善的对策建议。尤其是针对三方互动中,地方政府与群团组织、群团组织与社会组织、地方政府与社会组织互动中存在的问题,提出高效协同和机制创新的建议,目的是实现未来更顺畅的三方互动和推动社会组织参与社会治理,有效解决基层民生问题。

第八章结合党的二十大关于社会治理的重要论述,提出全面发挥群团组织参与多元纠纷解决和社会治理的构想。并且紧密结合案例,提出以"党建吸纳社会"的做法有助于在新时代有效发挥工青妇等群团组织的自身优势,弥补过去存在的不足,充分发挥其在化解社会矛盾、维护社会稳定和解决社会问题方面的重要作用,令群团组织真正成为党紧密联系和服务群众的桥梁。

第二章　研究方法

　　党的十九大报告明确,中国特色社会主义进入新时代,这是坚定的宣示,奋进的宣示,是搏击滚滚时代洪流的宣示。在新时代,社会治理是一大重要的内容也是一大挑战。基层社会治理作为国家治理体系的重要组成部分,必须在党的全面领导下解决各类问题和困难。改革开放以来,中国社会涌现出各种社会组织、民间组织和群团组织,多元思想交汇、社会群体结构复杂和社会组织架构变化显著,导致社会治理难度加大,基层原有的碎片化、单一化管理模式已不能适应新的形势。在此背景下,特别是在社会治理重心下移的条件下,如何处理基层政府、党组织与其他各类组织的关系、如何发挥各类组织在社会治理中的作用,成为亟待解决的难题。这就需要在基层社会治理中充分发挥基层党组织和群团组织对社会组织的政治引领作用,把坚持正确政治方向贯彻到谋划基层社会治理的各项重要战略政策和系列重大工作中,保证各级各类组织坚持正确的政治方向,激发各类社会建设主体的活力。通过强化自身组织建设,优化重构党领导下的基层社会治理体系,对各级各类组织进行统领整合、建立相互联系,实现基层党组织和基层社会管理的协作。

　　群团组织在当下的社会治理中依然处于较为边缘的地位。鉴于新时代的社会治理现状和背景,本书的目标是紧密结合党的十九届四中全会对群团组织在国家治理体系中职责定位的进一步明确,充分发挥其桥梁纽带作用,通过项目化的方式参与社会治理,聚焦所联系和服务的群众,积极搭建平台,拓展载体,带动社会组织、志愿力量进驻党群服务中心、矛盾纠纷调处化解中心和新时代文明实践中心，着力打造社会治理的共同体，提升社会治理的成效。因此，本书的定位聚焦如何发挥群团组织在预防和有效化解社会矛盾纠纷、切实解决民众遇到的困难和紧迫民生问题方面的作用，更大程度满足基层和民众的需要，解决百姓的需求问题。同时加大互联网和信息时代在社会治理中的优势，帮助和推动群团组织再上新台阶、再创新局面。要实现这一目标和回答研究问题，就需要进行长期、深入的实地调研。下文将详细阐述本书的研究设计、具体的研究方法以及基于扎根理论的案例选取和田野调查的具体内容。

一、扎根理论与研究设计

在定性研究（qualitative research）领域一个非常重要和著名的研究方法是格拉泽（Glaser）和施特劳斯（Strauss）提出的"扎根理论"（grounded theory）。[①] 这种研究方法旨在从经验资料和现象的观察出发，通过归纳和概括建立理论。这是一种自下而上建立理论的方法，即在系统收集案例资料的基础上思考和提出反映社会现象的核心概念，然后通过这些概念之间的联系构建相关的社会理论。[②] 因此，扎根理论的核心就是要有相当丰富的经验证据的支持，再基于此抽象出新的概念和思想，可以说就是社会科学所强调的"后实证主义"（post-positivism）[③]范式，对目前已经构建的理论进行证伪。扎根理论的操

[①]　B. G. Glaser and A. L. Strauss, *The Discovery of Grounded Theory：Strategies for Qualitative Research*（New York：Aldine De Gruyter，1967）.

[②]　陈向明：《扎根理论的思路和方法》，《教育研究与实验》1999 年第 4 期，第 58-63 页、第 73 页。

[③]　后实证主义是一种基于批判和修正实证主义而发展起来的方法，是融合了两种实证主义范式产生的。一种是由孔德提出的经典实证主义（classical postivisim），也可以称作经验实证主义（empirical positivism），以经验验证的方法来探究客体；另一种是维也纳学派罗素和维特根斯坦提出的逻辑实证主义（logical positivism）。实证主义者强调研究者和研究客体之间的独立性，后实证主义者认为研究者的理论背景、知识和价值观等预设会影响研究的客观性。但是这只是一个修正，并不是拒绝客观方法。他们仍然认为客观真实是可能和应当探求的，仍然坚持经验研究的方法。

作程序包括从资料中产生概念、对资料和概念进行比较,思考与概念有关的理论问题、发展该理论性概念、建立概念和概念之间的联系、通过理论抽样对资料进行编码,直到构建理论。

二、个案选取与田野进入

本书主要以长三角地区的群团组织为研究对象,选取三个群团组织与社会组织合作、群团组织孵化社会组织的典型案例,包括上海市M区、浙江省T市和江苏省S市。鉴于研究的可行性,本书作者及研究团队基于个人关系和社会网络(包括同行介绍和引荐、亲友联系等)接触相关机构负责人,并对每个点开展为期3—6个月的蹲点调查,参与实际的矛盾纠纷调处活动。同时,作者以法律顾问的身份,在浙江省T市由妇联孵化的社会组织——TY调解站(一家由律师参与纠纷调解的机构)——开展深入调研期间,对各级民政部门工作人员12人、群团组织负责人和工作人员24人、社会组织负责人和工作人员32人进行深度访谈和非正式交流。

基于扎根理论,在进入三个重点调研机构之后,研究者除了通过访谈和参与式观察,还收集整理了会议记录、各类文件材料、法院调解的案宗、案例化解的材料以及当事人的口述资料等重要信息。本书研究涉及的三个重点案例中,以上海为例,根据上海市民政局的统计资料,截至2020年8月末,全市共有社会组织17197家,其中社会团体4311家,社会服务机构(民办非企业单位)12365家,基金会521家。全市认定的慈善组织共443家,其中基金会418家,社会服务机构(民办非企业单位)24家,社会团体1家。慈善组织中,取得公开募捐资格27家;全年公开募捐备案254次。全市社会组织净资产合计590.26亿元;社会组织年度总收入755.69亿元;社会组织年度总支出709.41亿元。全市基金会净资产合计200.45亿元,其中31家基金会净资产超过 1 亿元。① 2015 年中央全面深化改革领导小组第十八次会议审议通过《上海市群团改革试点方案》后,上海作为全国首批试点地区,先后共有两批群团组织深刻剖析"四化"问题,着力转职能、转方式、转作风,不断增强政治性、先进性、群众性。改革不断深化,群团工作大胆改革、大胆突破,群众满意度明显提升,许多做法在全国得到复制推广。引导社会组织健康有序发展,推动群团组织加速功能拓展和工作创新,促使社会组织和群团组织在社会建设和管理中发挥更加积极的作用,已经成为必须引起高度关注的一项时代课题。② 特别是 2009 年对群团组织枢纽性功能概念的提出,要求群团组织在政府部门和一般性社会组织之间发挥桥梁纽带的中介作用,通过将与自身业务领域、工作性质相同或相近的众多社会组织团结聚合起来,一方面将党的群众工作和政府的相关要求和任务覆盖延伸到这些社会组织之中,另一方面借助与这些社会组织的联系、联合、联动,鼓励社会组织扮演诉求反映者、资源整合者、政策推动者、利益协调者、业务指导者、服务提供者等角色,发挥其综合性、集约化的服务管理功能。由此可见,通过枢纽性功能建设,群团组织扮演起社会组织的社会化组织者这一特殊角色。进而言之,群团组织这一特殊作用为我国当前的国家—社会关系从国家主导型的合作主义模式向社会主导型的合作主义模式过渡提供了一个重要契机和崭新起点。③ 2004 年开始,上海陆续出现一批致力于促进社会组织能力建设、倡导公益合作的支持性组织,如 2009 年成立的浦东新区公益服务园。社会组织服务中心是一种支持型、服务性组织,主要发挥社区社会组织综合服务平台功能,为社会组织提供

---

① "2020 年度上海公益数据",上海市民政局,2020 年 9 月 27 日,https://mzj.sh.gov.cn/MZ_zhuzhan1539_0-2-8-1459/20200927/e759fce7e68049118756f0aa4d735372.html,检索日期:2023 年 12 月 20 日。

② 夏江旗、包蕾萍:《上海群团组织枢纽性功能建设研究——以社会组织的枢纽式服务管理为中心》,《社团管理研究》2012 年第 5 期,第 40-43 页。

③ 夏江旗、包蕾萍:《上海群团组织枢纽性功能建设研究——以社会组织的枢纽式服务管理为中心》,《社团管理研究》2012 年第 5 期,第 40-43 页;陆一琼:《应势而为:群团组织参与社会治理发展研究》,《内蒙古师范大学学报(哲学社会科学版)》2020 年第 49 期,第 59-62 页。

孵化培育、登记咨询、能力建设、资源对接等服务,并辅助登记管理机关对群团组织进行备案,对非法社会组织和社会组织的违法活动进行预警,为社会组织的年度检查和评估工作提供培训和指导服务等。共青团上海市委是较早主动探索开展青年社会组织枢纽式服务管理的人民团体之一。2006年,共青团上海市委成立了青年家园民间组织服务中心,帮助一些青年社会组织解决注册、资金、场地、宣传交流、人才培训等方面的实际问题,形成了以团组织为核心、凝聚多样多类青年社会组织的"同心多层"组织模式,在动员支持上海青年社会组织参与汶川地震等灾后救助、重建以及上海世博会等重大活动中取得了令人瞩目的成就。①

　　江苏省民政部门高度重视社会组织的发展及其与群团组织之间的合作关系②,共青团江苏省委开展"互联网＋青创"五大行动,打造线上线下创新创业新阵地。联合科技、人社等部门出台意见,指导推动建设一批众创空间,目前已建成南京"青创梦想"创业苗圃、常州"嘉壹度"青年创新工场、徐州"蜂巢青创"咖啡馆等青年创业空间。同时,利用互联网将团属或共青团参与共建的各类创业资源"打包"制作成数字地图,目前已收录创业基地106个、扶持政策71条、青创项目101个,调试上线后,将成为一个24小时在线的青创孵化器,为青年提供跨时空的创业就业服务。江苏省还在各地建立青年社会组织创新中心,引入律师事务所、财务公司、传媒工作室等配套机构,为青年社会组织提供全程式、系统性、专业化服务。同时,整合青联、青商、基金会等社会资源,设立孵化基金、公益创投基金、青年社会组织发展基金等,扶持功能明确、运转高效的青年社会组织发展壮大。省青联增设

----

① 参见"联系青年民间组织共聚青年　上海打造'同心多层'团组织架构,把更多的青年凝聚起来",《上海青年报》,2006年12月18日,http://news.sina.com.cn/c/2006-12-18/091510799957s.shtml,检索日期:2020年9月28日。

② 民政部调研组:《发挥社会组织积极作用助推民政转型升级促进经济社会发展——江苏省调研报告》,《中国社会组织》2013年第4期,第8-13页。

社会组织界别,已吸纳了 98 名优秀青年社会组织负责人加入。截至
2015 年 9 月,江苏省共青团组织新增联系了 495 家知名度较高、表现
活跃、定期开展活动、具有一定影响力的青年社会组织,辐射青年
28000 余人。① 又如江苏省妇联抓住当前新技术新产品新业态新商业
模式大量涌现,生产小型化、智能化、专业化格局出现的契机,借助"互
联网＋"引导农村妇女开网店创业就业,拓展线上线下销售渠道,全省
首批认定 30 个巾帼特色电子商务专业村、90 个巾帼示范农家乐,建成
苏南、苏中、苏北三大手工产业展治中心,发放妇女小额担保贷款 4.5
亿元,带动一大批妇女实现增收致富,实现经济上的独立,收获人生价
值和人格尊严。

　　浙江省按照"党建带动妇建,妇建促进党建"的基本思路,以服务
型党组织创建为总抓手,成立全省首家社会组织综合妇联,推动社会
组织和基层妇联组织建设蓬勃发展。通过"四引领"社会组织培育工
作法,逐步形成了以社会组织培育社会组织的模式,大力促进女性社
会组织健康快速发展。即,在思想引领上,坚持强党建、把方向;在专
业引领上,强化社会组织培训与制定科学培训方案;在实践引领上,开
拓项目强能力;在价值引领上,科学评估重规范。其中,浙江省妇联特
别注重通过培育女性社会组织党组织、指派党建指导员等方式,实现
女性社会组织培育孵化工作和社会组织党建工作同步推进。也会通
过出台公益创投制度,为女性社会组织搭建资源链接平台,以期获得
政府、企业以及其他力量的资金、人力等支持。在妇联支持和孵化女
性社会组织的过程中,不断完善评估制度,制定跟踪督导机制,选派专
人负责具体项目并进行专项督导,做好跟踪记录,反馈督导测评表。
根据前期跟踪督导的情况,填写督导测评表,完成后期跟踪督导结果
的反馈,并以积分定管理等级。对入驻女性社会组织每月开展积分评

---

① 参见"全省各级群团组织在创新中提升服务能力",《新华日报》,2015 年 9 月 17 日,http://www.zgjssw.gov.cn/gongzuodongtai/quntuan/201509/t20150917_2399386.shtml,检索日期:2020 年 10 月 4 日。

定工作,对积分情况予以认定,随时刷新并由专人记录并整理归档,张贴在公示栏。

鉴于以上江浙沪各地群团组织孵化社会组织发展方面取得的极大推进,本书选择三个地点开展重点实地调查和访谈研究:浙江省的TY调解站、江苏省的AX社会工作服务社以及上海市的GS社会工作服务中心。① 其中,浙江省的TY调解站是由浙江省司法厅批准设立的,以高级主管律师的姓名命名、由一支具有国际法律专业素养、技能技巧的优秀律师团队组成的,专业从事婚姻家事纠纷解决的律师事务所。TY调解站是在杭州市妇联合作指导下于2014年成立的专门调解婚姻家事纠纷的法律机构,其中谭律师是调解站站长,团队基本都为女性,且具有丰富的法律实践经验,谭律师更是资深的调解员,擅长处理婚姻家事纠纷。TY调解站在妇联的指导下,秉持"同行、同心、同德、携手,互勉共进"的理念,结合线上调解(online dispute resolution,ODR)和线下调解的手段,以高效性和专业性承担社会责任,热心开展系列公益法律服务,与区教育局也开展合作,在高校和各大中小学以及社区积极开展社会普法宣传。婚姻家事纠纷有别于别的民事纠纷,更多地涉及人身方面,因其与亲情和伦理道德密不可分,因此很多时候一纸冰冷的判决书并不能有效地解决问题,而家事调解可以更好地打开当事人的心扉,可以更多地关注到当事人的情感,可以更大程度地尊重当事人的意愿,从而更好地解决问题。此外,我国法律规定,离婚案件必须经过庭前调解,可见,调解在解决婚姻家事纠纷的地位毋庸置疑。因此,调解站与妇联一拍即合,处理辖区内的家庭暴力、离婚、财产、抚养和遗产等家事纠纷调解,且调解率一直保持在不低于60%的水平。② 同时在妇联的指导下,调解站积极与其他社会组织如心理咨询、社会工作等合作,为女性的权利保护和心理情绪

---

① 出于保密考虑,本书所有的涉及的机构、人名均为化名和代号。
② 数据信息来自田野调查。

疏导支持提供帮助。在获得良好的社会效益和有效化解家事矛盾的情况下，TY 调解站于 2018 年 5 月成立了 TY 妇女联合会，主要是结合浙江省的"枫桥经验"和"三治融合"①，更好地为女性和家庭提供免费、高质量的法律支持。

　　江苏省的 AX 社会工作服务社是一家非政府性非营利性专业社会工作服务机构。2013 年 7 月，AX 社会工作服务社正式注册成立，如今已经成长为全国百强社工机构。这个机构致力于服务需要关注和帮助的群体，为他们提供专业的咨询和服务。作为江苏省首批本土社工机构之一，AX 秉承助人自助的专业理念，以"扶助弱者、服务居民、重建社区、和美社会"为宗旨，以人为本，立足社区，全力打造本土的、专业的社会工作服务品牌。2017 年 7 月，AX 与共青团合作设立了 AX 少年司法社工服务中心，专为涉罪未成年人和未成年被害人等特殊群体提供专业的社会工作服务，并引入社工专家为青少年开展公益讲座，普及生命教育理念。还与区委政法委、区公检法司、团区委、残联、教育、妇联、关工委等 12 个部门合作，设立区少年司法一体化关护中心，构建由"党委政府主导、社会力量支持、公检法司等多部门联合的少年关护一体化机制"，AX 少年司法社工全程参与刑事诉讼并实施对涉罪少年的关护工作，帮助其重新融入家庭社会，推动社会善治，从而最大限度地教育感化和挽救罪错未成年人、保护未成年被害人及其家庭。与妇联的合作更是紧密和多方面的，AX 充分发挥组织

①　浙江省诸暨市枫桥镇干部群众创造的用于化解基层矛盾的"枫桥经验"诞生于 20 世纪 60 年代，经过毛泽东的肯定性批示，之后的半个多世纪，"枫桥经验"一直受到政界和学界的高度关注，其机制与方法也不断地得到创新，以适应不同历史阶段的治理目标，参见王建勤：《"枫桥经验"的话语实践与治理图景》，《江西师范大学学报（哲学社会科学版）》2020 年第 3 期，第 27-38 页；汪世荣、褚宸舸：《"枫桥经验"：基层社会治理体系和能力现代化实证研究》，法律出版社 2018 年版。"三治融合"是指构建自治、法治、德治融为一体的基层社会治理体系，是浙江创新发展"枫桥经验"的最新成果，也是新时代"枫桥经验"的精神所在，要坚持把自治、法治、德治作为根本方式，努力构建基层社会善治体系，不断增强人民群众获得感、幸福感、安全感，参见郁建兴、任杰：《中国基层社会治理中的自治、法治与德治》，《学术月刊》2018 年第 12 期，第 64-74 页；陈寒非、高其才：《乡规民约在乡村治理中的积极作用实证研究》，《清华法学》2018 年第 1 期，第 62-88 页。

内中共党员的带头作用,确定了"宣传教育服务、创业创新服务、文明创建服务、民生关爱服务、权益维护服务、典型培育服务"六大主体服务,在妇联的支持下成立了社会组织党支部,通过党建带动社会组织提供妇女维权和化解信访纠纷,有效实现以"柔性治理"的方式防控社会矛盾和解决百姓难题。特别在疫情防控期间,AX 社会工作服务社与工青妇联手进行疫情防控和对外来人员的排查工作,特别团结妇女实现了非常高效的成果。

上海市的 GS 社会工作服务中心成立于 2007 年 7 月,机构负责人是上海高校的社工专业毕业生,具有较好的专业技能并且得到地方政府和妇联的高度认可和支持。通过政府购买服务的方式,上海市妇联、区妇联与 GS 自 2008 年开始合作了三个非常重要的纠纷化解项目,具有极强的代表性。第一个项目是 2016 年与 H 区妇联合作的 11个街道(镇)的"H 区家庭专业社会工作服务项目",这个项目旨在运用专业社会工作的理念、方法和技术,及时回应各类家庭的困惑及问题,开展包括家庭危机干预、家庭教育、家庭文明建设、妇儿维权等家庭综合服务,倡导并传播幸福家庭的基本理念与方法,进一步完善家庭功能,有效提升家庭幸福感。GS 的项目团队始终以"回应家庭需求、促进妇工增能、参与社会治理"为核心目标,协助妇联更好地履行群团组织的服务职能,提供社会工作专业服务,形成了"1+1+X"的服务模式。即"1"个一站式服务(危机介入)转介服务平台协助妇联更好地履行群团组织的服务职能;"1"个幸福家庭训练营互动平台提供社会工作专业服务;在两个平台的基础上,重点关注社区中不同弱势群体的互助支持和社会参与。

第二个项目是 2019 年 3 月至今,主要为 H 区和 C 区的五个涉诉困境儿童家庭提供专业服务,除配合相关部门对涉诉困境儿童开展安置工作外,更多地为他们提供生活陪伴、成长指引、心理疏导,并引导涉诉困境儿童及其家长(主要监护人,可能是父母或者祖辈)学习并强化家庭教育理念与责任,提升家庭教育的水平,以促进涉诉困境儿童及其家庭的健康成长与发展。

第三个项目也是最具有影响力的项目是 2018 年 4 月起，H 区妇联委托 GS 开展的 H 区第四轮"开心家园、知心妈妈"项目。此项目以六名女性信访人为服务对象，通过提供心理疏导和家庭关护服务，帮助服务对象转变认知、修复家庭功能、重建社会关系，实现案清事明、化解矛盾，力争达到息诉罢访、案结事了的工作目标。在这个项目中，区政府通过一次性给予高额奖励的方式，鼓励群团组织与社会组织合作，支持社会组织开展工作以降低信访率，有效实现解决长期疑难信访纠纷案件的目标。后文案例部分会对此进行详细阐述和分析。

除了在三个地点开展的深入调研，本研究还对 183 个江浙沪的社会组织开展了问卷调查，重点了解其对群团组织孵化和培育、党建的评估和反馈意见。图 2.1 展示了 183 个被访社会组织的负责人背景情况。其中，54.3%的社会组织是由有政府背景的人员或在职人员担任负责人；16.9%的社会组织由国企和事业单位相关人员担任负责人；9.6%由私企和外企人员担任负责人；12.8%的社会组织是由大学教授担任负责人；另外还有一些社会组织是由社会人士自我成立。根据 2017 年《人社部关于支持和鼓励事业单位专业技术人员创新创业的指导意见》，政府大力支持和鼓励事业单位专业技术人员到与本单位业务领域相近企业、科研机构、高校、社会组织等兼职，或者利用与本人从事专业相关的创业项目在职创办企业，是鼓励事业单位专业技术人员合理利用时间，挖掘创新潜力的重要举措，有助于推动科技成果加快向现实生产力转化。[①] 因此，越来越多的高校教师，特别是社会工作和社会学专业的教师也投身社会组织的成立和运行。本书的研究者和研究团队对被访者开展了半结构式的访谈，被访者包括普通社会组织成员、社工，民政和政府部门领导、负责人，群团组织特别是各

---

① 参见"人社部关于支持和鼓励事业单位专业技术人员创新创业的指导意见"，人力资源社会保障部，2017 年 3 月 22 日，http://www.gov.cn/xinwen/2017-03/22/content_5179589.htm，检索日期：2020 年 6 月 20 日。

地妇联的负责人和工作人员。当被访者无法提供专业信息，而提示我们需要询问或请教特定人员的时候，研究者也会基于他们的介绍和帮助来联系某些被孵化和培育的社会组织的负责人了解其态度和想法，倾听其诉求和提出的意见。本研究所开展的访谈均不少于 30 分钟，除了与被访者面对面访谈，还借助网络访谈（主要是通过微信）开展对话交流。

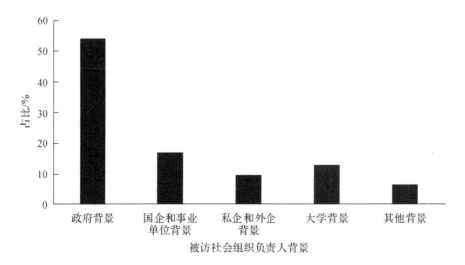

图 2.1　被访社会组织负责人背景情况

第三章 "党建吸纳社会"
与国家—社会关系变迁

一、法团主义、国家社会关系与群团组织

改革开放以来,非营利部门和各类社会组织呈现急速增长和蓬勃发展的趋势,不同学派的学者运用多学科理论如多元主义理论、第三条道路理论、社会资本理论、法团主义理论等探究和解释中国的国家与社会关系的规律。法团主义(corporatism),也被翻译为"社团主义""合作主义"或"统合主义"等,本书统称为"法团主义"。由于法团主义理论与中国社会组织现状有更直接的相关性,近年来较多学者用法团主义理论分析中国的现实并主张将其作为中国国家权力与社会权利关系的建构方向。特别是在行政吸纳社会与政治吸纳社会的概念运用中[1],

---

[1] Xiaoguang Kang and Heng Han, "Administrative absorption of society: A future probe into the state-society relationship in Chinese Mainland," *Social Sciences in China* 2(2007), pp. 116-128.

　　这个理论流派对中国国家社会关系的解释和影响值得关注。[①] 法团主义是当代西方政治思潮的主要流派之一,起源于第二次世界大战时期,作为制度结构的称谓,一般认为,它由施密特在 20 世纪 70 年代末概括提出[②],使其成为一种与多元主义相对应的理论。按照施密特的观点,法团主义被视为一种对国家和社会间常规性互动体系的概括。"法团主义,作为一个利益代表系统,是一个特指的观念、模式或制度安排类型。它的作用是将市民社会中的组织化利益融入国家的决策结构。这个利益代表系统由一些组织化的功能单位构成,它们被组合进一个有明确责任(义务)的、数量限定、非竞争性的、有层级秩序的、功能分化的结构安排之中。这些功能单位得到国家的认可(如果不是由国家建立的话),它们被授予本领域内的绝对代表地位,作为交换,它们的需求表达、领袖选择、组织支持等方面的行动受到国家的一定控制。"[③]

　　著名的法团主义者威亚尔达(Wiarda)认为法团主义有三个特征[④],即一个强势的主导国家、对利益群体自由与行动的限制和吸纳利益群体作为国家系统的一部分,让他们呈现成员的利益,帮助国家管

　　① 陈家建:《法团主义与当代中国社会》,《社会学研究》2010 年第 2 期,第 30-43 页、第 243 页;范明林:《非政府组织与政府的互动关系——基于法团主义和市民社会视角的比较个案研究》,《社会学研究》2010 年第 3 期,第 159-176 页;Jonathan Unger and Anita Chan, "China, corporatism, and the East Asian model," *The Australian Journal of Chinese Affairs* 33 (1995), pp. 29-53; Jonathan Unger and Anita Chan, "Corporatism in China: A developmental state in an East Asia context," in Barrett McCormick and Jonathan Unger, *China After Socialism: In the Footsteps of Eastern Europe or East Asia?* (Lodon: M. E. Sharpe, 1996); Jennifer Hsu and Reza Hasmath, "The local corporatist state and NGO relations in China," *Journal of Contemporary China* 23: 87 (2014), pp. 516-534; Shawn Shieh, "Beyond corporatism and civil society: Three modes of state-NGO interaction in China," in Jonathan Schwartz and Shawn Shieh, *State and Society Responses to Social Welfare Needs in China* (London: Routledge, 2009).

　　② Phillippe Schmitter, "Still the century of corporatism?" *The Review of Politics* 36: 1 (1974), pp. 85-131.

　　③ 张静:《法团主义》,中国社会科学出版社 2005 年版,第 23 页。

　　④ Howard J. Wiarda, *Corporatism and National Development in Latin America* (Boulder: Westview Press, 1981); Howard J. Wiarda, *Corporatism and Comparative Politics* (Armonk: M. E. Sharpe, 1997).

理和开展相关政策。[①] 尽管法团主义有不同的派别,但这个定义基本
道出了法团主义的核心特征,就是要把利益群体整合进国家,受到国
家的控制和约束。[②] 以国家对社团控制的程度,法团主义可分为"国家
法团主义"(state corporatism)[③] 和 "社会法团主义"(societal
corporatism)两种最基本的形态。国家法团主义由国家对社会组织占
据绝对主导地位,社团受行政控制;社会法团主义的国家与社会组织
是平等合作的,社团充分自治。[④] 不少学者用国家法团主义解释我国
的工会[⑤],因为中华人民共和国成立后一直是一个"政府主导"的国家
体制。改革开放后实行"发展主义",出现了工会受制于政府"招商引
资"政策的现象。国家法团主义假设对工会和工人运动的分析寄希望
于国家—党—政府的自动理性转型。在这种体制下,工会成为政府的
伙伴,并且在三方的制度性安排中具有独立地位。王向民认为,此种
分析的缺陷在于他们往往着眼于国家需求而忽略了工会运动的主
体——工人——的主体性地位。因此,工人在法团主义的框架中只是

① Paul S. Adams, "Corporatism and comparative politics: Is there a new century of corporatism?"in Howard J. Wiarda, *New Directions in Comparative Politics* (New York: Routledge, 2002).

② 陈家建:《法团主义与当代中国社会》,《社会学研究》2010 年第 2 期,第 30-43 页、第 243 页;范明林:《非政府组织与政府的互动关系——基于法团主义和市民社会视角的比较个案研究》,《社会学研究》2010 年第 3 期,第 159-176 页;Jonathan Unger and Anita Chan, "China, corporatism, and the East Asian model," *The Australian Journal of Chinese Affairs* 33 (1995), pp. 29-53; Jonathan Unger and Anita Chan, "Corporatism in China: A developmental state in an East Asia context," in Barrett McCormick and Jonathan Unger, *China After Socialism: In the Footsteps of Eastern Europe or East Asia?* (Lodon: M. E. Sharpe, 1996); Jennifer Hsu and Reza Hasmath, "The local corporatist state and NGO relations in China," *Journal of Contemporary China* 23: 87 (2014), pp. 516-534; Shawn Shieh, "Beyond corporatism and civil society: Three modes of state-NGO interaction in China," in Jonathan Schwartz and Shawn Shieh, *State and Society Responses to Social Welfare Needs in China* (London: Routledge, 2009).

③ Phillippe Schmitter, "Still the century of corporatism?" *The Review of Politics* 36: 1 (1974), pp. 85-131; Youssef Cohen and Franco Pavoncello, "Corporatism and pluralism: A critique of Schmitter's typology," *British Journal of Political Science* 17:1 (1987), pp. 117-122.

④ 孙双琴:《论当代中国国家与社会关系模式的选择:法团主义视角》,《云南行政学院学报》2002 年第 5 期,第 29-32 页。

⑤ 张允美:《理顺与冲突:中国工会与党——国家的关系》,《二十一世纪》2003 年第 18 期网络版,https://www.2002n.com/paper/sociology/006/10002.html,检索日期:2020 年 11 月 20 日。

一个被救助、被安抚的对象,导致其在研究中经常面临窘境:一方面,把对中国工会的研究困境归结于国家体制,而国家体制的瓶颈又难以改变;另一方面,工人只是满足于工会的救助,而没有支持工会。因此,工会维权似乎只是一个"家长式"的维护机制,只是工会的"独舞"。① 他进一步认为,中国社会法团主义的形成有赖于社会群体,尤其是工人群体的成熟。如果工人的权利意识成熟而完整,理性选择的能力提升,那么,即使体制内形成了特殊利益集团,也难以阻挡社会群体的压力。因此,工人的成熟程度决定着工会的地位与成效,更决定着国家的态度。也有学者认为,中国社会组织特别是群团组织,在实践中并没有获得对某一群体的垄断权力,同时也并不具备强制会员的特征,而竞争与群体重合在中国组织间经常发生。因此,中国的群团组织并不符合法团主义特征。② 国家法团主义与社会法团主义主要区别可以参考施密特对两种法团主义特性的区分(见表 3.1)。

表 3.1　国家法团主义与社会法团主义的区别

特征	社会法团主义	国家法团主义
数目有限性或单一性	通过社团之间建立"政治卡特尔"或者通过竞争性淘汰过程自然形成	通过政府施加的限制来实现
强制性参与	通过社会压力、劳动合同,基本服务提供、专业资格凭证或执照的垄断性发放权力来实现	通过政府明文规定来实现
非竞争性	通过社团内部寡头趋势以及社团之间自愿达成的协议来实现	通过不断实施的国家中介、仲裁甚至压制来实现
等级化组织架构	通过社团组织内在的官僚化扩张和巩固过程来实现	通过国家的明令的集中化或者行政依附过程来实现

---

① 王向民:《工人成熟与社会法团主义:中国工会的转型研究》,《经济社会体制比较》2008 年第 4 期,第 151-156 页。

② Scott Kennedy, *The Business of Lobbying in China* (Cambridge: Harvard University Press, 2005).

续表

特征	社会法团主义	国家法团主义
职能分化	通过自愿性协议安排来实现	通过国家明确的行业或专业领域类别来实现
国家承认	基于自上而下的政治需要	基于社团形成与运作的前提条件
代表性的垄断	通过自上而下的努力奋斗而形成	依赖国家的同意
领导人选择与利益表达的控制	基于自上而下对于程序和目标实现的共识	基于国家的强制

资料来源：Philippe Schmitter, "Still the century of corporatism," *The Review of Politics* 36:1(1974)，pp.85-131.

　　在中国，所有类型的社团，包括专业性社团，均在一整套治理民间组织的行政法规体系中开展活动。这套监管体系是在特定的历史背景下产生的，强大的国家主义遗产在这一体系中留下了深刻的烙印，而这一体系的重大特征可以用"国家法团主义"来概括。[①] 当然也有学者通过比较研究发现，根据法团主义的指标，在政府与社会组织关系以及结社走向上，中国趋于法团主义和管制主义中间的国家法团主义，隐含其中的主要是工具理性。而欧洲国家如德国则趋于法团主义和自由主义中间的社会法团主义，隐含其中的主要是价值理性。也就是说，受不同理性支配，两国实际上呈现出极为不同的法团主义类型，进而形成各具特征的政府与社会组织关系，并影响到各自民间社会组织的地位和发展以及结社走向。[②]

　　总体而言，法团主义认为，中国的市民社会正在兴起，不是简单走向了多元主义的道路，而是出现了新的权力结构。在原有体制的惯性下，社会原子正在以一种新的方式组织到国家体系中去，在宏观结构

---

　　① 顾昕、王旭：《从国家主义到法团主义——中国市场转型过程中国家与专业团体关系的演变》，《社会学研究》2005 年第 2 期，第 155-175 页。
　　② 马庆钰、谢菊、李楠：《中德政府与社会组织关系特征的比较分析——基于法团主义视角》，《经济社会体制比较》2019 年第 6 期，第 145-153 页。

上呈现出不是分立而是多边合作、混合角色及相互依赖的发展形态。[1] 由此,在法团主义视野下,对中国社会的研究呈现出了新的图景,搭建了新的研究框架,也给研究中国的群团组织及其国家社会关系提供了重要的理论依据和支撑。

改革开放以来,随着中国单位制的瓦解和社会多元利益主体的分化,单位在社会政治结构中的秩序整合功能日益弱化。为了有效弥补和替代单位制的功能,群团组织被赋予了担当党与群众之间桥梁和纽带的任务,以期发挥联系和整合党的阶级基础、社会基础的中介性组织力量,实现党对群众、国家对社会的有效整合与联结。[2] 然而群团组织在运作过程中,出现组织行政化、官僚化等问题,要求政府对群团组织的功能和定位进行改革和调整,令其适应新时代社会发展的需要。学界和实务界都已经提出了大量改革群团组织的建议,主要围绕两个方面。

一是整体立足于国家法团主义向社会法团主义转向的研究范式,重点强调恢复、强化组织独立的社会团体属性以实现群团组织的转型。[3] 二是在保证政府主导的前提下,强调通过创新组织代表和维护群众利益的制度安排,增加群团组织的社团属性以主动适应内外部环境的变化,实现组织社团功能的活化。[4] 无论哪种建议,要实现群团组织的转型,势必要考量国家、群团和社会等多方面的问题。将群团组织置入我国政治社会发展的历史长河看,群团组织在成立和发展过程中一直陷入两难的困境。这一困境存在的原因是,一方面,与社会组织相比,群团组织天生得到更多的国家信任、认同和支持,也因此得以

---

① 张静:《法团主义》,中国社会科学出版社 2005 年版,第 164 页。

② Alex Pravda and Blair Ruble, "Communist trade unions: Varieties of Dualism," in Alex Pravda and Blair Ruble, *Trade Unions in Communist States* (Boston: Allen and Unwin, 1986).

③ 王向民:《工人成熟与社会法团主义:中国工会的转型研究》,《经济社会体制比较》2008 年第 4 期,第 151-156 页。

④ 肖扬:《对妇联组织变革动因及其途径的探讨》,《妇女研究论丛》2004 年第 4 期,第 39-45 页。

成为沟通党和群众的桥梁;另一方面,由于群团组织对政府的高度依赖和靠近,其往往成为国家对社会实施管控和动员的重要工具。[①]这种困境的形成很大程度是因为群团组织自成立之初便在实践中将自我身份认同固定在准政府组织而非社会组织。[②]

目前学界对国家社会互动过程中之群团组织的论述主要包括将群团组织置入市民社会的视野分析其发展和作用,并认为工会、共青团和妇联等组织扮演了准市民社会的角色。[③] 更多国内学者认为群团组织发挥了"纵向到底、横向到边"的组织优势,能将分散化的社会组织联结起来,把边缘化的社会利益诉求传达到国家层面,同时又能把国家的决策传递到所联系的群体当中。一方面,国家治理工具能够有效地嵌入社会治理的过程,完成对社会治理的主导与梳理;另一方面,社会基层的利益诉求能够通过社会治理的过程"输送"到国家层面,从而实现国家与社会的有效互动。[④] 鉴于其可以打通国家与社会的边界,架起两者的桥梁之特殊性,群团组织通常被认为是沟通党和政府与群众的重要纽带,特别因其是党和政府在各个时期路线、方针、政策的宣传者、贯彻者,是特定阶层群众利益的代表者、维护者,是党带领人民群众建设社会主义民主政治的协助者、监督者。[⑤]

也有不少学者从法团主义的视角来研究群团组织的功能和定性,这一流派更多强调的是群团组织在强国家弱社会的环境中受国家主

① 陈佳俊、史龙鳞:《动员与管控:新中国群团制度的形成与发展》,《社会发展研究》2015年第3期,第151-168页、第245页。

② 毛丹、陈佳俊:《制度、行动者与行动选择——L市妇联改革观察》,《社会学研究》2017年第5期,第114-139页、第244-245页。

③ Gordon White, "Prospects for civil society in China: A case study of Xiaoshan City," *The Australian Journal of Chinese Affairs* 29 (1993), pp. 63-87; Gordon White, Jude A. Howell and Xiaoyun Shang, *In Search of Civil Society: Market Reform and Social Change in Contemporary China* (Oxford: Oxford University Press, 1996).

④ 解丽霞、徐伟明:《群团组织参与社会治理的客观趋势,逻辑进路与机制建构》,《理论探索》2020年第3期,第69-75页。

⑤ 刘玉栋、魏爱军:《群众团体在社会主义民主政治建设中的地位和职能》,《理论探索》1989年第2期,第62-64页。

导和支配,协助国家将利益团体整合进国家,接受国家的制约和控制。[①] 如工会,由于其被赋予了贯彻党的政策方针和代表工人群众的功能,一方面,需要把党的思想政策传达贯彻到工人中去;另一方面,需要反映工人群众的意见和要求,但是更侧重第一方面的功能。[②] 又如妇联常常被当作党委的工作部门或政府的职能部门,忽视了其作为群团独立进行社会活动的特点,造成妇联在工作实践中的行政化倾向;又由于其工作资源高度依赖政府配置,这种依赖性使妇联更倾向于回应政府的角色期待,强化了妇联科层化的组织结构和向上负责的工作方法,是影响妇联代表和维护妇女权益的主要因素。[③] 但群团组织自其诞生之初就是国家主导和试图重构社会的产物,因此仍有不少学者认为用法团主义来描述群团组织是不恰当的,特别在其政治逻辑、意识形态和阶层结构等方面。[④]

基于现有研究将群团组织置入国家社会关系的理论和实践分析,可以发现,当我国社会进入新时代,我国社会的主要矛盾从人民日益增长的物质文化需要同落后的社会生产之间的矛盾转化为人民日益增长的美好生活需要和不平衡不充分的发展之间的矛盾。这里,美好生活的需要更多是对社会治理效果的追求,在推进社会体制改革和发展中保障和改善民生,促进社会公平正义,不断增强人民群众的获得感、幸福感、安全感。群团组织要实现和参与社会的有效治理,就必须

① Paul S. Adams, "Corporatism and comparative politics: Is there a new century of corporatism?" in Howard J. Wiarda, *New Direction in Comparative Politics* (New York: Routledge, 2002);褚松燕:《政治社会团体之法团主义分析框架评析》,《国家行政学院学报》2010 年第 5 期,第 65-69 页;纪莺莺:《当代中国的社会组织:理论视角与经验研究》,《社会学研究》2013 年第 5 期,第 219-241 页,第 246 页。

② 安戈、陈佩华、史禾:《中国、组合主义及东亚模式》,《战略与管理》2001 年第 1 期,第 52-60 页。

③ 雷水贤:《双重角色对妇联履行职能的影响》,《妇女研究论丛》2002 年第 6 期,第 11-13 页。

④ 陈佳俊:《群团组织改革研究》,2018 年浙江大学博士学位论文;郭圣莉:《城市社会重构与国家政权建设——建国初期上海国家政权建设分析》,天津人民出版社 2006 年版;张汉:《统合主义与中国国家—社会关系研究——理论视野、经验观察与政治选择》,《人文杂志》2014 年第 1 期,第 110-119 页;Bruce J. Dickson, *Wealth into Power: The Communist Party's Embrace of China's Private Sector* (New York: Cambridge University Press, 2008).

转变功能和定位,以适应新时代我国社会发展和基层治理的需要,利用所掌握的行政资源,带领和引导社会组织共同参与社会治理,实现创新和善治。当这一目标充分实现的时候,群团组织作为联系党和政府与人民群众桥梁的功能就能够得到更好发挥。而在新时代,实现这一目标的关键就是通过"党建吸纳社会"的方式,由群团组织作为政府和社会组织的中介协助政府孵化社会组织,同时建立党支部,实现地方政府、群团组织和社会组织之间的有效三方互动模式。下文将详细论述"党建吸纳社会"的理论基础及三方互动的实现机制。

二、"党建吸纳社会"的制度基础及国家、群团组织、社会组织之间的三方互动

作为中国的执政党,中国共产党一直在制定各种战略以巩固其执政基础,完善制度安排以增强对政治稳定的适应力和适应性。"群众路线"是列宁提出的无产阶级政党的鲜明特色,因此,建立基层党支部是实现全社会全面覆盖、群众思想支持的关键。习近平总书记指出:"基层党组织的组织能力强不强,抓重大任务落实是试金石,也是磨刀石。"[1]这表明基层党组织的组织力建设,不仅要提升基层党组织的组织能力,还要将基层党组织的组织能力落实到具体的治理任务,"确保基层治理的正确方向"。我国的基层党建经历了从中华人民共和国成立初期的城市地区的单位党建[2],到21世纪前的国企党建[3]再到2003年作为基层政治改革成效的城市社区党建和2004年党支部延伸到非

---

① 习近平:《在全国组织工作会议上的讲话》,人民出版社2018年版,第14页。

② Andrew G. Walder, *Communist Neo-Traditionalism: Work and Authority in Chinese Industry* (Berkeley: University of California Press, 1986); Franz Schurmann, *Ideology and Organization in Communist China* (Berkeley: University of California Press, 1968).

③ 顾美华、张娟娟:《现代产权制度背景下国企党建的探索与思考——以上海国资系统企业党建工作的探索与创新为例》,《上海市经济管理干部学院学报》2009年第6期,第10-15页。

公有制经济如私营企业和民办非企业的党建①,直至 2008 年开始推进的"两新"组织党建②。近年来,中央也先后出台文件要求加强社会组织党建,深入推进群团改革。各类党建形式不断更新,比如在政府/国家领导的非政府组织(government-organized NGOs,GONGO/state-organized NGOs,SONGOs)之外③,出现了党委领导的非政府组织(party-organized NGOs,PONGOs),用于形容一种新的混合形式,旨在鼓励形成公民团体,特别是专业慈善组织,能够在党的控制下承担公益事业。④ 所有这些党建的实践都表明,中国共产党通过在基层社会组织中建立党组织来实现对社会组织管理、引导和互相协作发展的目标。特别是新业态新领域中的党建工作和群团工作,基础任务是基层组织建设。特别对于基层党群干部而言,他们工作的核心任务就是基层组织建设,这是中国共产党适应社会变化、适应社会主要矛盾变迁的时代选择。⑤ 有学者将其称为"社会政治组织"。⑥ 这类社会政治组织的资源,相比过往的单位政治组织,更为多元和灵活。其主要资源渠道包括体制内资源,如与其合作的群团组织的资源拨付(工会会费返还);党委政府横向资源支持(民政在政府购买服务中对青年、妇女、劳动关系领域社会组织的倾斜、金融单位对群团创业创新工作的

---

① Zhang Han, "Party building inurban business districts:Organizational adaptation of the Chinese communist party," *Journal of Contemporary China* 24:94(2015):644-664.

② James Derleth and Daniel R. Koldyk, "The *shequ* experiment:Grassroots political reform in urban China," *Journal of Contemporary China* 13:41 (2004):747-777;Patricia M. Thornton, "The new life of the party:Party-building and social engineering in greater Shanghai," *The China Journal* 68 (2012):58-78;许德加:《两新组织党建概论》,上海人民出版社 2007 年版。

③ Carolyn L. Hsu, "China youth development foundation:GONGO (government-organized NGO) or GENGO (government-exploiting NGO)?" in Reza Hasmath and Jennifer Y. J. Hsu, *NGO Governance and Management in China* (London:Routledge,2015), pp. 151-167.

④ Patricia M. Thornton, "The advance of the party:Transformation or takeover of urban grassroots society?" *The China Quarterly* 213 (2013):1-18.

⑤ 陆海发:《中国共产党执政方式的历史变迁与改革方向——国家、政党、社会三者关系视角下的理性分析》,《昆明理工大学学报(社会科学版)》2010 年第 1 期,第 55-59 页。

⑥ 葛亮:《从单位政治组织到社会政治组织——基于"两新"党建和群团改革的判断和预测》,《学习与实践》2020 年第 1 期,第 91-99 页。

支持等)以及一切可利用的体制外社会资源,只要不违反政治要求和规定。

尽管党建的形式多种多样,但党建的目的和任务都是一致的:一是科学判断和准确把握党所处的历史方位和肩负的历史使命;二是紧密联系治国理政的实践,加强党的执政能力建设,提高党的领导水平和执政水平;三是不断提高拒腐防变和抵御风险能力。用一句话来概括,党的建设就是马克思主义建党理论同党的建设实践的统一,是对马克思主义党的学说的应用。党的建设包括三个方面的含义:一是研究党的建设的理论科学;二是在马克思主义党的学说指导下所进行的党的建设的实践活动;三是作为理论原则与实际行动两者中介的约法规章。党的建设包括政治建设、思想建设、组织建设、作风建设、制度建设、纪律建设等,具有鲜明的党性和实践性,指导党在不同时代、不同情况下的工作与活动。

2015 年以来,我国陆续出台了一系列法律政策以有效规制社会组织的违法行为和预防社会组织非法运作。比如 2015 年施行的《中华人民共和国国家安全法》,要求各个机关、人民团体、企业事业组织和其他社会组织应当对本单位的人员进行维护、动员,组织本单位的人员防范、制止危害国家安全的行为,不得向危害国家安全的个人和组织提供资助和帮助。另外,2017 年施行的《中华人民共和国境外非政府组织境内活动管理法》旨在防范、清除境外非政府组织给我国经济、社会和网络空间带来的一些潜在威胁。因为随着我国社会组织的蓬勃发展,出现了不少非法的社会组织,主要是未经登记擅自以社会组织名义开展活动的组织。有些甚至从事诈骗、迷信、邪教活动等危害公民人身财产安全和国家安全的违法行为。2018 年 2 月 6 日,民政部社会组织管理局公布了 179 家涉嫌非法社会组织名单,2 月 13 日和 23 日,又分别公布第二批 42 家和第三批 40 家未在民政部门登记的涉嫌非法社会组织名单。① 2018年9月,民政部关于印发《"互联网＋社会组织(社会工作、志愿服务)"行动方案(2018—2020年)》的通知明确提出,运用大数据技术筛查互联网上非法社会组织信息,为打击非法社会组织提供具体线索。鉴于近年来频频出现的非法社会组织,有必要对其进行管理、规制和政治吸纳,在预防和控制非法组织的基础上,引导社会组织充分有效利用政治和社会资源,并投入社会治理。党的二十大报告着重强调,要坚持把党的政治建设摆在首位,推动党的各级组织坚持和加强党的全面领导。习近平总书记明确指出,社会组织面大量广,加强社会组织党的建设十分重要。针对有些社会组织党建工作比较薄弱的状况,越是情况复杂、基础薄弱的地方,越要健全党的组织、做好党的工作,确保全覆盖,固本强基,防止"木桶效应"。② 由此,全国性社会组织的党建工作,分别归口中央直属机关工委、中央国家机关工委、国务院国资委党委统一领导和管理;地方社会组织的党建工作,由省、市、县成立社会组织党建工作机构统一领导和管理;城乡社区社会组织的党建工作,由街道社区和乡镇村党组织兜底管理。③ 可见,中央不断强调加强社会组织党建工作,被认为具有非常重要的意义。

　　2015年,群团改革要求"去四化""增三性"。归根结底,党群组织应当强化政治属性,发挥政治整合功能。相应地,中共中央办公厅在同年9月印发的《关于加强社会组织党的建设工作的意见(试行)》中指出,社会组织主要包括社会团体、民办非企业单位、基金会、社会中介组织以及城乡社区社会组织等,已成为社会主义现代化建设的重要

---

① "民政部公布新一批涉嫌非法社会组织名单",民政部,2018年2月20日,https://www.gov.cn/xinwen/2018-02/20/content_5267773.htm,检索日期:2023年12月20日;"民政部公布第三批涉嫌非法社会组织名单",民政部,2018年2月24日,https://www.gov.cn/fuwu/2018-02/24/content_5268346.htm,检索日期:2023年12月20日。

② 《关于加强社会组织党的建设工作的意见(试行)》,人民出版社2015年版,第16-17页。

③ "中央组织部:社会组织党组书记一般从内部产生",央视网新闻,2015年9月29日,http://news.cntv.cn/2015/09/29/ARTI1443481874239610.shtml,检索日期:2023年4月20日。

力量、党的工作和群众工作的重要阵地。① 该意见要求要扩大党的组织覆盖,凡有三名以上正式党员的社会组织,都要按照党章规定,经上级党组织批准,分别设立党委、总支、支部,并按期进行换届。此后,全国各地出现了多种新的党建形式,比如河北、四川的"红色志愿者"或称红色义工。② 对于组织中正式党员不足三人的,可以通过联合组建党支部,或以挂靠组建的形式成立党支部,形成以联合党委为纽带的社会组织党建组织体系,基本实现党的组织"全覆盖"。③ 另外还可以通过指派党建联络员、党建指导员来更密切地联系服务群众,开展社会组织党建工作。④

2020年,中共中央印发的《法治社会建设实施纲要(2020—2025年)》,明确要求完善党委领导、政府负责、民主协商、社会协同、公众参与、法治保障、科技支撑的社会治理体系,打造共建共治共享的社会治理格局。要实现多方协同社会治理,实现高效的社会组织党建并带动社会组织参与社会治理,就需要充分发挥群团组织在引领社会组织中独特、重要的作用,发挥资源共享、能力互补的协作优势。这种独特作用的重要性主要是基于群团组织自产生以来紧密团结群众的属性。首先,可以通过党建带群建,发挥工会、共青团、妇联等群团组织先行进入非公和社会组织、与群众密切联系的优势,在群众的利益诉求和生活方式多元化的情况下,把握不同行业、不同企业的群体特征,提供精准化服务。其次,通过党建促社建,推进"三社联动",支持并培育各

---

① 《关于加强社会组织党的建设工作的意见(试行)》,人民出版社2015年版,第1-2页。

② "红全城涌动'志愿红'——我市广大志愿者奋战抗击疫情一线色志愿者",石家庄人民政府,2022年8月31日,https://www.sjz.gov.cn/col/1659001114624/2022/08/31/1661915249952.html,检索日期:2023年3月8日。

③ 挂靠党支部,是指党员因某种原因或工作需要,离开原单位,时间超过半年的流动党员,或者单位没有党组织的党员,凭《中国共产党党员组织关系介绍信》,在异地的其他党支部参加党员的活动和组织生活。

④ "以联络员驻村为抓手助推基层党建",新华网,2015年9月12日,http://www.xinhuanet.com/politics/2015-09/12/c_128221179.htm,检索日期:2023年4月10日;"淮北市濉溪县刘桥镇:党建引领环境整治 美丽乡村展新颜",中国网韵动安徽,2022年10月27日,http://ydah.china.com.cn/2022-10/27/content_42151378.html,检索日期:2023年4月10日。

类社会组织参与社区治理,使社会组织在参与治理中展现更大的活力。最后,通过完善党领导下的民主选举、民主协商等基层民主自治制度,为群众参与社会治理提供制度保障;通过党群议事厅等机制,提供群众利益表达和参与协商的平台,推动社会矛盾的解决,为群众参与社会治理提供机制保障。①

本书将这种由执政党通过党建的方式方法吸收社会力量进入体制,为体制建设和社会治理所用的机制称为"党建吸纳社会"(party absorption of society),并且通过对群团组织孵化社会组织和引导社会组织参与矛盾纠纷化解来展示这个概念的制度基础和运行机制。"党建吸纳社会"的概念是在康晓光和韩恒于2007年提出的"行政吸纳社会"的概念基础上发展而来。② 康晓光和韩恒借鉴"行政吸纳政治"(administrative absorption of politics)③的分析框架,通过论述不同于市民社会和法团主义的模式,提出政府以"行政吸纳社会"的方式抑制社会可能出现的反抗国家的结构和力量。并且认为"限制"(limitation)、"功能替代"(functional replacement)和"优先满足强者利益"(priority for the powerful)是实现行政吸纳社会的主要方式。④ 在"行政吸纳社会"的体制中,国家与社会不是分离,更不是对立,而是相互融合的。基于此,康晓光和韩恒进一步提出"分类控制"的体系来描

---

① 曹海军、刘少博:《新时代"党建+城市社区治理创新":趋势,形态与动力》,《社会科学》2020年第3期,第12-20页。

② Xiaoguang Kang and Heng Han, "Administrative absorption of society: A future probe into the state-society relationship in Chinese Mainland," *Social Sciences in China* 2(2007), pp. 116-128.

③ Ambrose Yeo-chi King, "Administrative absorption of politics in HongKong: Emphasis on the grass roots level," *Asian Survey* 15:5(1975), pp. 422-439.

④ 其中,"限制"是为了防范社会组织挑战政府权威,是为了继续垄断政治权力,而"功能替代"是通过"延续""发展""收编""放任"等策略,发育出可控的社会组织体系,并利用它们满足社会的需求,消除自治的社会组织存在的必要性,从功能上替代那些自治的社会组织,进而避免社会领域中出现独立于政府的社会组织,最终达到消除挑战势力和满足社会需求的双重目的。"优先满足强者利益"主要是突出对企业家和知识分子的利益满足超过对工人和农民的关注,其核心出发点就是政府实现利益最大化。

述国家对不同社会组织采取的不同控制方式。[①] 也有学者提出"行政吸纳服务"[②]的概念以补充康晓光和韩恒概念中对政府"控制"的过度强调,认为"行政吸纳服务"的核心互动机制是"支持"与"配合"。政府在控制之外,也会培育和促进民间组织的发展,为其提供场地、资金、信息、技术、组织合法性等方面的资源;而"配合",则是作为"支持"的交换,民间组织需要配合政府的工作,响应政府的组织、号召与政策执行。这一机制能帮助政府实现增强政府公共服务能力、提升政府的公共治理绩效与合法性的目的;而民间组织也获得了生存与发展的必需资源,有利于实现组织的发展目标。

"党建吸纳社会"不仅可以用于描述和分析地方政府与基层社会之间的互动与回应,也可以由此分析和透视社会组织党建对中国基层社会治理的影响。本书提出的"党建吸纳社会"主要是通过目标融合(goal-compatibility)、合作/排斥(co-optation/exclusion)、联络(liason)和竞争(competition)四种机制来实现的。目标融合意味着地方政府和社会组织有共同的目标,因此它们才有可能实现长期的合作。合作/排斥是指地方政府对社会组织进行甄别,与"合格"的进行合作,对"不合格"的进行控制甚至可能取缔和禁止那些潜在挑战政权合法性或给国家安全带来风险的具有威胁性的组织。[③] 联络是指社会组织与地方政府之间的沟通机制,主要是指社会组织与地方政府的交流信息和想法的互动过程。而竞争是指由于地方政府能给予的资源有限,社

---

① 康晓光、韩恒:《分类控制:当前中国大陆国家与社会关系研究》,《开放时代》2008 年第 2 期,第 30-41 页。

② 唐文玉:《行政吸纳服务——中国大陆国家与社会关系的一种新诠释》,《公共管理学报》2010 年第 1 期,第 13-19 页、第 123-124 页。

③ 所谓的"合格"和"不合格",主要判断依据是"社会组织年度检查评定的参考标准",所依据的法律和条例包括《社会团体登记管理条例》《民办非企业单位登记管理暂行条例》《基金会管理条例》《社会组织评估管理办法》《全国性社会组织评估管理规定》《民政部关于推进民间组织评估工作的指导意见》等。社会组织年检是强制性的,是社会组织评估的先决条件,只有年检合格,才有资格参加社会组织评估;而社会组织评估是社会组织年检的补充和完善,是在社会组织年检的基础上进行的一次全面系统的综合检验。

会组织必须在现行政策下进行资源竞争,以获得更多的支持和帮助。

"党建吸纳社会"这一概念的重要性在于可以通过群团组织孵化社会组织和在社会组织开展党建的实践,分析政党影响社会治理的机制,揭示新时代国家社会关系的变化和政府对社会组织吸纳的新机制。值得关注的是,社会组织党建的模式更深层次反映了党建的本质并非对社会实施意识形态控制,而是通过一种互惠互利的资源支持和服务提供实现双方各自的组织目标。但是"党建吸纳社会"的前提依然是在党的领导下实施的"分散控制"(dispersed domination)①,即通过实施灵活与分散相结合的策略,确保党和政府对社会各个领域进行全面且深入的治理。当然对这种模式所产生的社会政治影响值得进行更长期的研究和观察分析。

在中国的社会治理中,基层的考核指标之一就是他们对上级分派任务完成的质量。② 2013 年以来,中国共产党加强了对党组织建设的重视,尤其在社会组织管理中,试图通过党建来增强社会组织的政治性和社会性。所谓政治性,是指将党建的政治功能作为社会组织执行力和保障力的基础。尤其对社会组织中多元化的组成人员,特别是新兴技术工人、高级知识分子(如高校专家学者)、思想活跃的青年等开展党的思想政治教育,来弥补社会组织中党建的政治功能不突出、政治性不强的问题。③ 社会性主要是指社会组织既具有提供公共服务、参与社会管理等传统功能,又要有明确的社会使命与社会关怀、能够满足特定的社会需求、采取公开透明的社会化运作方式以及能够协调

---

① Yi Kang, "Dispersed domination through patron-clientelism: The evolution of the local state-NGO relationship in post-disaster Sichuan," *Journal of Contemporary China* 29: 124 (2020), pp. 598-613.

② Joseph Fewsmith and Andrew J. Nathan, "Authoritarian resilience revisited: Joseph Fewsmith with response from Andrew J. Nathan," *Journal of Contemporary China* 28: 116 (2019), pp. 169-179.

③ 马俊平:"按照政治性要求加强社会组织党建",人民论坛,2019 年 1 月 22 日,http://www.rmlt.com.cn/2019/0122/538011.shtml,检索日期:2022 年 12 月 1 日。

好与政府的关系。[①] 政府职能转变为社会组织发育、成长创造社会空间与活动平台,而社会组织是政府职能转变的重要承接主体,因此协调好与政府的关系是社会组织"社会性"极其重要的方面。同时,要注重以实现社会公共利益为核心使命和目标取向,满足人民的多样需求。

进入新时代,党和政府越来越鼓励群团组织选择可以与之合作的社会组织引导其参与社会治理,特别是介入矛盾纠纷的有效化解。因为基层治理的关键在于高效解决老百姓的民生需求和现实困难。这种地方政府—群团组织—社会组织的三方互动模式之独特性在于它不同于传统的政府直接购买社会组织实践和众所周知的国家统合主义理论框架,是由半官方的、作为党联系群众桥梁纽带的群团组织来引导和与社会组织成员合作进入基层社会治理的议程。因此,本书提出一个三方互动的模型,以期更好地理解群团组织在解决社会冲突和提高执政合法性方面的作用(见图 3.1)。

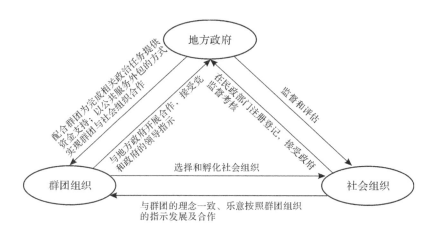

图 3.1 地方政府、群团组织与社会组织三方互动

---

① 康晓强:"如何认识社会组织的社会性",全国哲学社会科学工作办公室,2012 年 5 月 29 日,http://www.nopss.gov.cn/GB/219470/18010892.html,检索日期:2023 年 4 月 30 日。

图 3.1 展示了国家主导的社会多元主义模式下地方政府、群团组织和社会组织的三方互动。[①] 在这个互动模型中,地方政府发挥着最重要的引领和主导作用。在这种互动关系中,地方政府为了实现创新和实现高效的社会治理,通过委托群团组织代理购买服务,寻找符合条件的社会组织,对其进行培育、孵化,尤其是加强对社会组织的党建,发挥间接监督和评估社会组织的作用。这种三方互动和群团组织作为代理的形式,在提升社会组织参与社会治理特别是参与矛盾纠纷化解的效果在后文中将结合案例进行研究和分析。

三、"党建吸纳社会"的当代意义

党的二十大报告对"增强党组织政治功能和组织功能"作出新的全面部署,明确指出:严密的组织体系是党的优势所在、力量所在。各级党组织要履行党章赋予的各项职责,把党的路线方针政策和党中央决策部署贯彻落实好,把各领域广大群众组织凝聚好。因此,要聚焦增强党组织的政治功能和组织功能这个重要任务,深入推进新时代党的建设新的伟大工程,为谱写全面建设社会主义现代化国家新篇章提供坚强保证。

上海的社会组织党建走在全国前列。自 2015 年中共中央办公厅发布《关于加强社会组织党的建设工作的意见(试行)》以来,上海多家社会组织利用其特质,深入基层话语体系,做好服务,提升凝聚。以妇联为例,上海市妇联以习近平新时代中国特色社会主义思想为指导,紧紧围绕保持和增强政治性、先进性、群众性,坚持面向群众、重心向下、服务为先,深化妇联改革,引领广大妇女积极参与社会治理创新,

---

① 胡洁人:《使和谐社区运转起来:当代中国城市社区纠纷化解研究》,上海人民出版社 2016年版,第 146-151 页。

着力提升妇女群众的获得感、幸福感、安全感。在深化妇联改革中,坚持党建带妇建,构建共建共创共享共赢的区域化妇建格局,更好地提升上海作为国际大都市的社会主义现代化治理能力和治理水平。健全执委发挥作用的长效机制,加强引领服务联系,发挥女性社会组织在社会治理中的积极作用。例如在上海市 C 区,区委与市妇联合作,市妇联引领区 H 街道注册成立民非性质的"家庭文明建设指导服务中心",成为全市首家妇联组织的"家中心"。"十一五"期间,C 区实现了十个街镇"家中心"民非组织全覆盖,并开展"一街一品"特色项目探索,以家庭文明建设的"软实力"促进区域经济社会发展的"硬实力",充分发挥基层妇联组织在家庭工作领域的积极作用。目前,全市建成218 个街镇妇联"家中心",实现全市街镇层面的全覆盖。"家中心"职能定位为妇联组织贯彻"三个注重"要求,发挥妇女两个"独特作用"的有效载体。"家中心"实现"两手抓",一手抓"好家风宣传引领",一手抓"服务关爱暖人心"。C 区 H 街道家庭建设指导服务中心成立 15 年来,共运行了 20 余个家庭文明、家庭教育、家庭服务、家庭文化相关项目,服务 9.96 万余人次,覆盖约 1.50 万户家庭,占街道家庭总数的62%。又如 M 区 X 街道妇联认真学习习近平总书记关于妇女工作的系列重要讲话精神,在区妇联的指导下,在街道党工委、办事处的领导下,围绕"服务该区商务区、服务该区交通综合枢纽、服务社区居民"的中心工作,以群团改革为工作转型、纵深发展的重要契机,把服务的手臂从社区延伸至商务区,在该区商务区逐步推进"四新"领域妇联组织和妇女之家阵地建设,以更好地服务国家战略。M 区 X 街道妇联深挖"联"资源,创建"妇"品牌,找准切入点,扩大妇联影响力。2016 年,X 街道妇联按照"哪里有妇女,哪里就有妇女组织和妇女工作"的工作原则,根据街道的实际情况,在实现了村居"妇女之家"全覆盖的基础上,将工作的触角进一步向街道辖区的商务区拓展。利用企业白领工作间隙的碎片时间,见缝插针,根据群众的普遍趣味精心设计活动,以小见大,通过促进妇女之间的小社交,打开妇联组织凝聚妇女的大局面。

这些妇联对社会组织特别是妇女组织开展党建的做法,其最大的效果就是发挥党组织在引领和组织妇女群众中的作用,实现更高效地为妇女服务,解决基层家庭关系处理和妇女职业发展方面的需求。江苏省 S 市的 AX 社会工作服务社通过目标融合、合作/排斥、联络和竞争四种机制实现妇联对社会组织的党建,下文将以其为典型案例,更为深度地展示"党建吸纳社会"的成效和影响,并以此分析和揭示"党建吸纳社会"对我国基层社会治理的重要意义。

2018 年 3 月 20 日,首批 48 名"红色社工"正式现身第六届"社会工作者周"庆祝国际社会工作日的仪式。这些"红色社工"是由江苏省 S 市社会工作组织推荐,由市社会工作者协会、市社会团体党委联合评选的。第一批"红色社工"的推出,是为了充分发挥社工党员的模范带头作用和领导作用,促进非政府组织为党和政府提供更多的支持。"红色家园"是江苏省党建实践的一个典型代表,此后不久,全国各地也相继出现了"红色志愿者"和"社会工作者红色家园",令"红色"从点扩散到面。事实上,这个"红色"主要来源于中国共产党的革命历史,与革命精神和马克思主义思想密切相关。为了扩大"红色"社会组织的覆盖面,S 市政府 2016 年出台《加强社会组织党建工作实施办法》和《S 市社会组织党建三年行动计划(2016—2018 年)》,以此吸收全社会的"先进生产力",巩固党与原有群众基础的联系。

AX 社会工作服务社为社会组织党建工作提供了一个具有启发性的案例。目标融合、合作/排斥、联络、竞争四种机制对 AX 党建工作的成功和影响的持久性起着重要作用。作为江苏首家乡镇社会工作组织,AX 于 2013 年 7 月成立,最初只有 21 名社工。随后,中共 Z 镇委员会于 2018 年 8 月 15 日通过妇联与其合作,在 AX 成立了党支部。AX 的核心理念是扶贫济困、服务居民、重建社区、构建和谐社会。尽管 AX 在业界享受盛誉,从一个只有一个持证社工和四个工作人员的五人团队,到一个拥有 20 名持证社工和 45 名工作人员的社工队伍,它的发展经历了一个非常曲折的过程。到目前为止,经过地方党委的充分肯定,AX 被视为当地最重要的社会组织之一,每年从乡政府获得 65 万元的资金。如今已有 75 名注册社工,活动志愿者 788人,社区社会团体 28 个。截至 2018 年 9 月,AX 已组织开展大型活动 39 次,参加人数 200 余人,服务群众 30 余万人次,创建了社区矫正等特色项目,受到 S 市政府的强烈赞誉和推广,并被中央电视台(CCTV)报道。

目标融合是指地方党委、政府和社会组织达成相同或相似的目标或利益追求,双方都试图将目标指向某一特定事物,比如帮助社会上弱势群体的机制。目标融合是决定一个社会组织能否得到地方党委、政府认可以及地方党委、政府的要求和目标能否被社会组织负责人接受的前提和关键。由于地方政府对社会组织成立、发展和资源分配方面依然掌握着决定权[①],目标融合的核心就在于社会组织乐于支持地方政府的政策制定、政治任务落实和长期的发展目标,并愿意与地方政府协同合作,完成社会治理方面的政治任务。

AX 社会工作服务社的成立者是何明先生,他年约 40 岁,出生于 S 市 Z 镇的一个普通家庭。他现在是浙江 H 大学的副教授,在从事社会工作的研究和教学过程中,萌发了成立一个社会组织的想法。他创办社工机构的主要动机是"让学生学以致用,为学生创造就业机会,解决社会问题,实现社会和谐"[②]。2012 年,当他首次尝试在 M 镇建立 AX 社会工作服务社时,当地的街道办事处主任多次质疑他成立这个社会组织的动机,并认为他可能"想制造不必要的争议"。因为街道办事处认为,居民委员会在提供基层服务方面已经发挥了非常好的作用,并不需要这种社会组织。实际上,街道办事处副主任赵女士对社

① Yi Kang, "Dispersed domination through patron-clientelism: The evolution of the local state-NGO relationship in post-disaster Sichuan," *Journal of Contemporary China* 29:124 (2020), pp. 598-613.

② 访谈何明,江苏省 S 市 Z 镇,2018 年 10 月 10 日。

会服务和社会组织的重要性及功能了解甚少,因此忽视了社会组织在社区治理中的重要性。由于当地领导干部的反对,AX 无法在 M 镇成立并运作。一年后,何明转向 Z 镇尝试成立社会组织。Z 镇的党委书记潘先生非常欣赏他的想法,三次亲自来到何明家里与他谈了成立 AX 帮助弱势群体的想法和计划。何明听后非常感动,备受鼓励,他说:

> 对于这样的项目,这么小的一个小镇,政府很难认可我们!而我们成立运作的效果也需要时间来证明,这就意味着效果好坏还不确定。即使这样,潘先生依然愿意支持我们的成立和运作,对此我深受感动和鼓舞。我向他保证,我会尽我所能做好工作,不用多久就可以看到我们工作的成效。[1]

于是,Z 镇在党委书记的支持下,联系了镇妇联、残联和团委,支持和协助 AX 申请经费,以政府购买服务的方式,镇妇联与 AX 签订了为期一年的合作协议。协议规定,Z 镇政府向 AX 社会工作服务社购买社会服务,价格为每一名社工 10 万元。由于 AX 共有社工 21人,因此第一年镇政府向其支付 210 万元。然而,这笔钱还包括了社会工作者的日常活动开支、交通费、培训费等,这表明每个社会工作者一开始能获得的资源很少。Z 镇妇联规定,每年根据 AX 的业绩表现及其年度考核的情况决定是否续签合同。经过三年的合作,镇政府把经费提高到每人 11 万元。由于组织发展迅速,自 2018 年开始,Z 镇政府每年为 75 名正式工作人员向 AX 支付 825 万元。

有了正式的身份,何明积极投入公共服务领域,在妇女权益保障、扶贫、农村教育、家庭心理咨询和社区活动组织等方面付出大量的精力。许多地方领导干部认可他的成就,甚至一些中央媒体也报道了 AX 社会工作服务社是如何通过有意义的活动为社会作出贡献的。

---

[1] 访谈何明,江苏省 S 市 Z 镇,2018 年 10 月 10 日。

因此,当地方党委要求何明在 AX 成立党支部时,尽管他很不情愿但也很难拒绝。其中一个原因是他自己不是共产党员;另一个原因是他希望社会组织的发展与政府保持一定的距离和独立性。然而,他之所以最终接受并申请在 AX 成立党支部,是因为他最关心的是如何利用党支部的支持和资源来增强组织的合法性以及获得更多的资源。不可否认的是,那些乐意和积极亲近政府的社会组织能够得到更多的支持,特别通过与地方政府的合作可以得到更多重要的组织发展资源。①何明坦言:

> 我确实支持党建和鼓励更多红色社工的出现,因为我希望能从当地政府获得更多的支持,这对我们的生存和发展非常重要。而且,我的学生在我自己的组织里实习工作比较容易。另外由于我们很多人,包括我自己都不是党员,我必须邀请两个以上的党员才能成立党支部。一旦我们建立了党支部,要花大量时间进行党史学习教育、开展各类活动,如讨论入党积极分子、党内选举、对预备党员的评价以及各种相关的座谈会等。但这些不可避免地会影响我们的正常社工工作和组织活动,也会制约我们的组织自治。②

将政治和社会需求融合是 AX 社会工作服务社顺利发展的重要原因。这种融合是通过群团组织与他们的合作交流,特别是与社会组织负责人的沟通实现的。Z 镇党委与镇妇联的领导开始与何明单独谈心,交流了党建的必要性和重要意义,并表达了对 AX 社会工作服务社的支持、关心和与其合作发展的愿望。妇联不仅可以提供经济资源,还可以提供支持,对何明个人的前途发展和组织扩大方面都能给予协助。尽管何明一开始在内心略有抵触,但他仍然试图把政治考虑

---

① Jennifer Hsu and Reza Hasmath, "The local corporatist state and NGO relations in China," *Journal of Contemporary China* 23: 87 (2014), pp. 516-534.

② 访谈何明,江苏省 S 市 Z 镇,2018 年 11 月 8 日。

置于个人或组织追求之上,同意在 AX 成立党支部,并且努力通过承担社区党建项目和社会稳定维护项目来发挥 AX 在基层纠纷化解和治理中的作用。

经过五年的努力,AX 在江苏各大城市增设了六家分支机构。在党建方面,AX 特别把党的红色文化和长征、延安的红色精神传播到学校和企业,推动政府、企业、大学实现三方联合合作;同时 AX 也通过妇联向上级政府申请更多的资金和支持,注重组织规模的扩大和机构发展。AX 的目标就是"坚持党的领导,帮助农村振兴,推动志愿服务进社区,提高扶贫质量"。显然,这与党和国家作为领导社会组织发展和社会组织推进社会服务的目标是一致的。虽然党建确实可能在一定程度上影响社会工作机构的自主性和独立性,但经过桥梁组织妇联的协调和目标一致的合作,社会组织负责人可以将机构生存、合法性获得以及赢得地方政府的信任和支持融为一体。

合作/排斥机制是指地方政府筛选出"合格"的、具有合作潜力的社会组织开展联系,同时取缔非法的特别是对国家安全具有威胁或存在风险的社会组织。① 我国现行的社会组织管理政策要求所有社会组织都要建立党支部,这表明对社会治理的策略已经从"分级控制"②转变为"全面管制",违反规定的社会组织不被允许注册和运作。2015年中共中央办公厅印发的《关于加强社会组织党的建设工作的意见(试行)》规定,按单位建立党组织。凡有三名以上正式党员的社会组织,都要按照党章规定,经上级党组织批准,分别设立党委、总支、支部,并按期进行换届。规模较大、会员单位较多而党员人数不足规定要求的,经县级以上党委批准可以建立党委。社会组织变更、撤并或

---

① 中国政府对外国非政府组织的运作提出了更严格的要求或限制。"不合格的非政府组织"在国家调查后可能被迫关闭,参见 Hugo Winckler, "The implications of China's new Foreign NGO Law for foreign NGOs operating in China," *China Analysis* 148 (2015), pp. 3-7.

② Fengshi Wu and Kin-Man Chan, "Graduated control and beyond: The evolving government-NGO relations," *China Perspectives* 3 (2012), pp. 9-18.

注销,党组织应及时向上级党组织报告,并做好党员组织关系转移等相关工作;上级党组织应及时对社会组织党组织变更或撤销作出决定。根据这一规定,所有社会组织在申请登记时都必须提交社会组织党建工作承诺书。① 然而,仍有一些机构或个人试图避免这种情况,调查中,浙江一个关注劳动权益保护和集体上访的社会组织"集体力量"负责人王俊认为:

> 尽管各种形式的教育活动对提高社会组织成员的党性起到了积极作用,但也在客观上消除了那些能够监督政府渎职行为的社会组织,这样就难以保护社会弱势群体的权利。我挺担心因为党建我们的活动自主权会缩小,尤其有时候不得不讨好领导官员来进行利益交换。我与他们的劳动权益保护观和价值观很不同,这也是我们组织生存运作困难的原因。②

因此,合作/排斥不是单向的,而是双向的。如果社会组织的定位和目标不符合地方政府的要求,或者当社会组织负责人不能接受地方政府的治理方式时,他们就很难开展合作,社会组织甚至可能陷入困境和麻烦。③ 以 AX 为例,何明虽然不是中共党员,但他表现出对党的忠诚和支持,同时在提供社会服务时,采取与地方政府非常一致可行的理念。"只要我们按照党的指示行动,我们的身份就不那么重要了,地方政府会更注重你的能力和你的计划。"④ 正如江苏省一民政机构的工作人员赵清解释的那样:

> 社会组织必须接受我们的监督,因为没有党的组织领导,许多社会组织可能变成对抗性的、危害社会的,甚至邪教组织。如果没有党的领导和管理,这些组织就会有更多的机会危害社会和

---

① 详见附录二,社会组织党建工作承诺书(样本)。
② 访谈王俊,江苏省 S 市 Z 镇,2019 年 3 月 2 日。
③ 访谈何明,江苏省 S 市 Z 镇,2018 年 11 月 2 日。
④ 访谈何明,江苏省 S 市 Z 镇,2018 年 11 月 2 日。

人民。比如,一些非法社会组织通过欺骗、集资等方式,侵害了人民群众的合法权益。这也会损害社会组织的公信力,影响市场秩序和社会稳定。所以社会组织党建是必要的,有意义的。①

为了进一步打击整治非法社会组织,积极鼓励和打造红色社会组织,民政部、公安部联合部署实施了打击整治非法社会组织专项行动,通过加强日常监督和长期执法,民政部社会组织管理局(社会组织执法监察局)会公布涉嫌非法社会组织的名单②,由公安部门查办一批非法社会组织违法犯罪案件并取缔一批非法社会组织,维护国家安全和社会稳定。一般而言,政府要求解散或取缔某些社会组织主要基于三个方面的原因:一是未依法登记,擅自以社会团体名义开展活动;二是两年多未进行年度检查和考核;三是威胁国家安全,损害党和政府形象。其中,年度考核对社会组织的合法性及其持续运作至关重要。

为提高社会组织的服务质量,江苏省政府成立了社会组织综合党委,专门负责事业单位和行业部门无法管理的社会组织党建工作。苏州、连云港、盐城等地率先成立市社会组织联合(综合)党委。通过建立地区性的综合党委,可以协助和促进社会组织成立党支部,所有合法登记的社会组织、基金会和社会服务团体都要在章程中明确体现坚持党的全面领导。2017年以来,江苏省民政部门进一步要求,党建工作要与年度考核同步进行,坚持"年度检查、党建同检"的原则,保证社会组织登记、年检和评估与党建工作一起开展。同时,要求各社会团体将党建工作报告与其他年检材料一并报送。地方工商行政管理部门在开展年度检查时,应当指导社会团体按照章程的规定,报告当年党建工作的情况。对不将党建细节写入公司章程或不重视、不支持党

---

① 访谈赵清,江苏省S市,2019年1月14日。

② 涉嫌的非法社会组织名单可在中国社会组织公共服务平台查询,http://chinanpo.gov.cn/sxffOrg/index.html,检索日期:2023年4月8日。

建工作的,将要求其在一定限期内提交报告。对拒不改正的组织进行严肃处理。

因此,合法性是社会组织存在发展的必要条件;也就是说,如果一个社会组织不能注册、不遵守相关规定,就没有组织发展的机会,更不可能与地方政府合作得到支持和资源,甚至会依法受到惩罚。像何明这样的社会组织负责人在为党和政府提供支持的基础上经营 AX,不仅从地方政府获得了大量的资源,而且成为江苏省社会组织的杰出典范。例如,何明被授予"爱心大使"的称号,并被当地政府宣传为"温暖城市的力量"。

联络是社会组织与地方政府之间的一种沟通机制,主要是实现社会组织与地方政府有效畅通地交流信息和想法。社会组织与地方政府保持联系有其必要性,一方面,社会组织要向政府报告他们所做的事情,并随时向负责人通报情况;另一方面,社会组织人员在提供服务时需要表现出对地方政府的支持和忠诚。在实践中,联络机制包括中介机构、监事会和报告制度,其中社会组织和地方政府之间的中间人,通常是政府的部门负责人,这个角色对双方都至关重要。地方政府需要通过中间人了解和收集党建的情况和社会组织的行动和表现,并向上级汇报;同时,政府也需要通过中间人与社会组织进行沟通,引导社会组织在合作中遵循党和政府的政策要求;对政府而言,中介的关键作用是评估社会组织的表现,并向其汇报。中间人负责检查和审查社会组织的行为表现,确保它们不会从事非法业务而构成对社会的威胁。同时,对社会组织而言,还需要通过中间人向政府通报它们取得的成就以及它们的工作表现。通常,这个可靠且有能力的中间人可以帮助社会组织从政府获得更多的支持和资源,解决它们在提供服务过程中遇到的困难,实现诉求传递。实际上,中间人作为沟通双方的"桥梁",其年龄、个人目标、对于社会组织的理念和态度会很大程度影响地方政府对某个社会组织的看法和态度,比如如何在社会组织中开展党建工作、如何孵化和支持社会组织发展,以及允许社会组织行动的范围等。虽然政府部门有权决定是否与 AX 合作开展社会服务项目，但与何明及其机构员工直接联系最多的是沟通双方的中间人。

在联络机制中，除了中间人还有一个"监事会制度"。所谓监事会就是社会组织内部一项每月召开会议讨论重要事项、相互沟通的制度安排。AX 社会工作服务社的工作人员通常会在监事会会议上向中间人（Z 镇民政局工作人员）汇报他们的党建工作和在当地开展服务的情况，特别是当月取得的成绩和遇到的困难。然后，中间人会向当地政府和领导报告，并通过建议提供更多资源和支持 AX 与其他部门联络帮助 AX 解决问题以实现更好的发展。詹雯女士就是沟通 AX 和地方民政部门的中间人。她毕业于上海一所顶尖大学的社会学专业，她本人非常欣赏社会工作的价值和社会组织的公益精神。詹雯和何明都一致认为，要把党建和社会组织提供社会服务紧密、有机结合起来。正如詹雯所说：

> 我主要负责管理社会组织。近年来，特别是 2018 年以来，江苏社会组织服务工作必须坚持党的领导是非常明确的。因此，我的主要任务之一就是在社会组织中开展党建工作，培养更多既有专业技能又是优秀党员的社会工作者。当然，有些社会组织非常被动，虽然没有直接拒绝我们的要求，但是很不情愿。所以我更乐意与一些积极支持党和政府政策的组织接触，因为更容易开展工作，也更方便发展和服务社会。AX 是一个很好的例子，因为机构负责人何明教授非常支持我们的工作，他在社会工作方面的专业精神和他的大学背景能够与我们产生共鸣，实现我们共同服务社会的目标。他主动邀请我加入他们监事会并经常邀请我与他们见面。这对我传递给他们政府的想法、计划，特别是下一步要做什么、了解他们在做什么、他们在工作中需要什么都非常有

帮助。[1]

报告制度是社会组织向地方政府汇报情况和沟通信息的重要联络机制，包括日报、周报和月报。正如何明所说："导致我以前与政府合作失败的一个重要因素是 M 镇的中间人不喜欢我、不欣赏我的想法，这直接造成最后上级决定不支持我们。"[2]何明将机构运作第一次失败的原因归结为与中间人的沟通不畅，导致地方政府对 AX 的态度冷淡或消极。为了避免这种情况，他坚持要把 AX 每天的所作所为向詹雯详细汇报，通过给她传送周报、月报、季报、年报的方式把细节和信息全面地告知中间人，目的就是让她和地方政府尽可能多地了解 AX 的成就和他们遇到的困难。何明坦言：

> 我们通常没有机会与高层领导接触，跟他们汇报和展示我们的服务细节和效果。领导的信息渠道主要来自我们的联系人。如果詹雯认为我们的服务能满足业务发展和政府利益，就会更认同我们，并帮助我们向领导汇报一些积极、正面的信息。她对我们来说是非常重要的，因为她的评价将影响上级领导对我们的印象和我们整个组织的形象。一旦和她建立了良好的关系，即使我们在工作中有一些缺点、问题，她也会以积极的态度鼓励我们，而不是指责我们犯了错误，更不会去跟领导抹黑、投诉我们。这对于我们的员工保持工作自信和激情、专注于投入工作非常重要。从这个意义上说，我们与地方政府的合作很大程度上受到这个中间人的影响。[3]

此外，何明还非常注重詹雯的个人利益，并试图将其与社会组织的利益和政府利益联系在一起，使他们在整个合作过程中形成一种更为紧密的内在约束力。AX 积极响应号召，配合詹雯通过开展社区活

---

[1]　访谈詹雯，江苏省 S 市 Z 镇，2018 年 11 月 1 日。
[2]　访谈何明，江苏省 S 市 Z 镇，2018 年 11 月 3 日。
[3]　访谈何明，江苏省 S 市 Z 镇，2018 年 11 月 3 日。

动来宣传党建品牌,并且联系社区的党员和积极分子,不仅在 AX 成功建立党支部,而且定期开展党员学习,把党员无私奉献的精神和社工助人自助的理念结合起来,在当地社区为老年人送爱心、解决流动人口子女放学后看护问题、为妇女组织社区活动、为社区居民提供公益法律咨询和心理咨询等,获得社区居民的好评。这对詹雯完成上级任务非常重要,因此她与 AX 合作联系一年后,很快被镇民政部门提拔为社会组织管理部主任。

现实表明,这些联络机制都非常有助于促进 AX 与当地政府的信息交流和沟通。通过频繁有效的沟通,双方可以更紧密地合作。特别是当地方政府希望把社会组织党建与高校合作联系起来时,詹文当即推荐 AX 社会工作服务社作为合作的首选对象。随后,她与何明进行了沟通,邀请马克思主义和政治学方面的专家学者担任江苏省社会团体党建工作的指导员。借此机会,何明申请了更多的研究课题项目和地方政府的资助,这对专业发展和机构扩大都至关重要。

竞争是社会组织在现行政策下与其他同行争取资源的一种机制。由于地方政府对社会组织提供的资源有限,社会组织之间存在对资源的竞争关系,这在客观上也有助于提高它们提供服务的质量,并且形成淘汰机制。然而,不同时期的竞争内容各不相同。比如在 21 世纪初国家管制不严的情况下,竞争一般只发生在社会组织向国内外基金会或地方政府申请资金和项目的时候,许多志愿组织也会努力争取服务对象的认可和赞扬。当时,社会组织对政府给予的荣誉和头衔并不那么在意。很多时候,他们对争取政府支持和资源也比较被动,对一些党建项目和政府采购项目都比较不以为意。然而在 2010 年以后,随着政府对社会组织管理的加强,很多非法社会组织被取缔或注销,非政府组织不得不通过竞争政府资源以获得其合法地位和政府承认、支持。与一般情况下的竞争不同,2015 年以后,社会组织在社会服务项目上的竞争由上级党委直接决定。正如何明解释的:

以前这里没有那么多的社会组织,所以实际上不存在什么竞争。但后来政府孵化了很多社团组织,竞争就激烈了。例如,我要争取市、省两级的荣誉和称号,就要努力申请党建项目,比如党的主题党日的志愿者培训、党群服务中心的运营、协助搞好"两新"党建等工作。这样,政府可以为我们的社会组织提供更多资源,我们也能收获更多的好评。比如每年民政要对我们的党建工作和专业服务质量进行评估,他们会给你三星、四星或五星。我们机构从来都是拿五星的。通过这种方式,党为你提供了福利和激励,但同时也让你紧跟其后。①

政府绩效评价、社会组织拥有的社会资源及其与地方政府的关系、当地民众对社会组织服务的评价以及社会组织的专业化程度是社会组织在竞争机制中有优势的重要方面。当然,前两者是更为重要的,因为社会组织年度评估结果往往由地方政府决定和公布。党和政府鼓励竞争机制的运作,就是希望通过赋予社会组织权力、授予其政治荣誉和声誉来激励它们与政府合作。同时,竞争机制也包含了惩罚不合作的尤其是违法的社会组织。2019 年,何明被提名为中国最成功的社会工作机构负责人之一,也因此成为江苏省社工机构的代表到北京接受颁奖。当地和全国的媒体都来采访他,宣传 AX 在社会工作和党的建设方面的卓越实践和成就。然而,AX 最终被选为最具竞争力的社会组织之一、何明被视为社会精英的核心成员,是因为在政府眼里他是社会工作、社会组织中的模范,起到了很好的带头和示范作用。所以,尽管他不是中共党员,也被邀请参加地方党校的培训活动。对此他认为:

我很荣幸有这个机会到党校学习。通过这个机会,我认识了许多在社会活动中有很强能力的朋友,其中大多数是党员。在培

---

① 访谈何明,江苏省 S 市 Z 镇,2018 年 11 月 3 日。

训过程中,与其说是思想灌输,不如说是学习专业技能,在社会服务中如何发挥党员的作用,与当地群众建立友好关系。[①]

尽管何明最初并未有意使其组织带有特定的政治色彩,但他通过与地方政府及中介机构的积极互动与合作,成功实现了组织目标与个人发展目标的有机结合。其他四名 AX 社会工作服务社的社工被提名为江苏省首批"红色社工"。他们的业绩主要表现在珍惜荣誉、勇于担当、争当"红色社工"、献身"红色事业"、成为"红色事业传承人"。特别是在加强党的理想信念、组织党史竞赛等党性活动、贯彻党的指示等方面起到了带头作用。显然,AX 可以得到地方政府的高度重视,被其评价为"与其他社会组织相比,AX 的社工始终不忘初心、牢记使命,热爱工作,积极助人为乐,为建设'富强、美丽、高质量'的新江苏作出了贡献",这在很大程度上是因为他们坚决执行党的政策、拥护党的领导、根据党的指示开展服务和工作,而不仅仅是因为他们的专业能力或服务质量过人。AX 内的潜在社会精英有部分人士甚至当选各级党委书记,这说明,地方政府在给予额外的福利和津贴之外,优秀的党员和机构的党委书记可以被推荐为各级党代会代表、人大代表、政协委员候选人。

事实上,中国共产党在非公经济、办公楼宇、城市社区、业委会中建立了党支部后,近年来已扩展到社会组织。其目的是将更多的非国有的单位和部门的精英和能人力量吸纳进入中国共产党。尽管对不同组织党建的共同目标是实现党组织在全社会的覆盖,但与其他组织相比,社会组织党建的主要特点是吸引和吸纳社会精英入党,支持党和政府的领导决策,从而实现对社会的全方位的有效管理。表 3.2 比较了我国各主要组织机构中党建工作的差异,并突出社会组织党建工作的特点。

---

① 访谈何明,江苏省 S 市 Z 镇,2018 年 11 月 3 日。

表 3.2 不同组织党建情况比较

	党建目标	党建方式	机构成员对党建的态度	党建的效果
国有企业	实现对员工特别是党员政治、意识形态和组织的领导	建立基层党组织,使基层党支部成为团结群众的核心,把思想政治工作作为党的建设的经常性工作	认同、服从、适应党建的要求和做法	巩固党的组织基础
社区	纵向动员社区成员,把社区组织与党组织联系起来,获取资源	选择适合的基层党组织书记、加强党员队伍建设、建设青年知识型社区党员队伍	认同、服从、适应党建的要求和做法	动员社区党员,鼓励群众积极参与社区治理,发挥社区党组织和居委会的作用
非公有制经济	吸引和吸收社会精英入党	在非公有制部门建立人民政治协商组织,使人民政治协商组织更符合地方利益,努力扩大党的组织范围,加强对经济和人力资源的控制	大企业更愿意配合和开展党建工作,而中小企业则保持谨慎	实现党组织适应,将各企业的党组织整合为一个连贯的党建系统
社会组织和团体	扩大党建覆盖面、吸引和吸纳社会精英入党	建立基层党组织;承接党建工作,建立党组织或社会组织区域联合党支部	政治资源的互惠交换与党建相适应,以求得组织生存和合法性	把社会组织人员热心提供社会服务和党员无私奉献精神结合起来,融入社会治理,增强党对社会组织的管理

通过对江苏省 AX 社会工作服务社的深度分析,可以看到社会组织党建的过程包含了目标融合、合作/排斥、联络和竞争四个重要机制。这种"党建吸纳社会"的模式揭示了中国共产党扩大党员基础、巩固对社会组织领导的理论依据和手段。红色社工的出现和对其的培育证明中国共产党成功地将社会工作者提供的社会服务和党员无私奉献的精神融入社会治理。社会组织党建工作也显示了中国共产党在习近平总书记的带领下有效地实现对社会力量的管理和引导,加强政府与社会组织的紧密合作,使其更有效地参与社会治理。尽管存在社会组织负责人不是党员的情况,但它表明了中国共产党有能力使社会服务与党的领导相适应。

　　通过比较可以看到,"党建吸纳社会"的实质是通过资源互惠等方法实现社会组织对党的政治认同,同时将社会组织中优秀的政治人才吸纳到党组织中,这在合作/排斥机制中可以得到充分体现。"党建吸纳社会"是我国基层政权建设中一个非常特别的、值得研究的现象:实践证明,党建有效地将社会组织的利益和合法性与党的政策方针联系在一起,可以更有效地实现调整和管理社会组织的目的。为了使其组织获得合法地位并从地方政府获得支持和资源,具有大学背景的社会组织负责人,如 AX 社会工作服务社的何明,由于缺乏企业或政府背景同行所具有的资源和关系,当其组织发展需要申请更多的政府项目时,通过党建及其相关的合作项目,可以争取更多的资金和支持。

　　当然,在党建有效吸纳社会的同时也存在一些忧虑和隐患。社会组织的全面党建可能影响市民社会的发展和民间组织的扩张,因为从长期来看,非政府组织的自治性将受到一定程度的影响,其所能发挥的社会监督和维权作用会被削弱。而对社会弱势群体来说,由于缺乏来自草根组织和底层的关怀和帮助,对其合法权利的保护可能更为艰难。

四、本章小结

　　本章基于法团主义的理论视角,通过回顾法团主义、国家社会关系的变迁来构建群团组织、地方政府和社会组织之间的三方互动。基于此,本章提出本书的核心概念理论"党建吸纳社会",即地方政府为了更有效地对社会组织进行引导、合作和管理,通过与群团组织合作,对社会组织开展党建工作。同时,有四种机制是这一模式开展和实现的重要基础,即目标融合、合作/排斥、联络和竞争,结合江苏首家乡镇社会工作组织 AX 党建的具体案例和调研内容,本章展示了"党建吸纳社会"的具体模式及其政治社会意义。这种机制的建立和实施对我国国家社会关系会造成较为深刻和长远的影响。

第四章　群团组织的历史变革及发展

一、群团组织成立的背景和历史发展

群团制度及其组织是在中国共产党领导的社会革命中,通过行政力量和群众运动相结合的方式,对社会结构进行重塑而形成的一套组织制度体系。它的形成和发展反映了在我国特殊历史条件和背景下,国家为推动新政权建设实行的制度安排。[①] 对其制度溯源和历史发展的研究对理解中国共产党在革命建设和改革的不同时期处理党和群众、国家与社会关系方式、特征的变化及其背后的制度原因非常重要,尤其是在我国进入新时代之后对群团组织开展的一系列改革措施背后所折射出的各种问题以及群团转型的紧迫性和必要性。[②] 群团制度作为党和国家整合社会力量的基本组织形式在实践中具有非常强的特殊性,可以说是具有中国特色的群众性团体组织。它是伴随着中国共产党的形成与发展而兴起的,它的起源、形成和发展反映出中国共产党在特殊的历史条件和社会环境中为夺取政权以及社会主义建设所实行的相关制度安排及逻辑变化。

追溯我国群团组织的起源,学界一般将江西安源视为中国近代工

---

① 陈佳俊:《群团组织改革研究》,2018年浙江大学博士学位论文,第26-44页。

② 陈佳俊、史龙鳞:《动员与管控:新中国群团制度的形成与发展》,《社会发展研究》2015年第3期,第151-168页、第245页。

人运动的摇篮与策源地,也是中国共产党群团工作的重要历史起点。①
在持续近十年的安源工运期间,中国共产党以工人俱乐部、青年团、少
先队、妇女职业部、园艺工会、农会等群团组织为纽带,引领团结广大
安源群众,不但取得了政治罢工胜利,而且成功地实施了文化宣传、工
人教育、工资改良、劳资协调、移风易俗等社会建设事业。虽然中国共
产党早期是以工运为工作重心,但对妇女儿童及农民的解放事业也高
度关注,积极采取措施大力推进少、妇、农等社会群体的组织化程度。
因此,安源是中国共产党早期群团组织的重要起源地与群团工作的重
要开创地,在当地形成的许多群团工作经验与传统对后来的中国共产
党群团工作具有深远的历史影响。安源工运之所以能够取得重大胜
利,其根本原因即中国共产党在安源成功开创了一种以工、青、妇、少
等群团组织为桥梁与纽带的群众工作路线。借助这些群团组织,中国
共产党在安源深入开展了政治动员、思想宣传、民生建设、文化教育等
一系列群团工作,并得到了安源广大群众的高度认可与无限敬仰。这
些都为中国共产党赢得政治斗争胜利奠定了坚实的群众基础与根本
政治保障。

　　从理论上追溯,尽管马克思、恩格斯从未对无产阶级政党的群团
工作作出专门阐述,但其系列著作中却充满了对群团工作的思考,这
突出表现在他们关于工会的论述中。② 马克思、恩格斯所处的 19 世纪
是资本主义的快速发展期,少量剥削者掌握着国家机器,肆意剥削人
数庞大的工人群体,不断激化着工人阶级与资产阶级之间的矛盾。在
持续的矛盾冲突中,工会作为工人的集合体,其所蕴含的政治力量被
不断释放出来。马克思、恩格斯敏锐地发现,"工会组织产生的直接利

---

① 陆华东:《红色安源:中国共产党群团工作的重要历史起点》,《苏区研究》2018 年第 4 期,第
110-119 页。

② 刘光磊、李伟:《习近平关于群团工作重要论述:渊源·体系·特质》,《中共云南省委党校学
报》2020 年第 1 期,第 52-56 页。

益,吸引着许多平时对政治漠不关心的人参加政治运动"①,"如果说工会对于进行劳资之间的游击式的斗争是必需的,那么它们作为消灭雇佣劳动制度本身和消灭资本权力的一种有组织的力量就更为重要了"②。这充分说明马克思、恩格斯已对工会等群团组织对无产阶级革命的重要性有了深刻的思考与认识,为无产阶级政党的群团工作理论奠定了基础。

列宁结合新的革命形势,发展了马克思主义关于群团工作的学说。第一,列宁认为工会是发展新阶级的工具,"是一个形式上非共产党的、灵活而较为广泛的、极为强大的无产阶级机构。党就是通过这个机构同本阶级和群众保持密切联系"③。同时,列宁十分注重为革命培养青年力量,也非常重视青年团组织的发展。他深知建设共产主义社会注定是一个艰辛而漫长的过程,需要青年力量的加入,更需要一代代青年持之以恒的接续奋斗。因此,他对布尔什维克党的得力助手和后备军——俄国共产主义青年团——给予了高度重视,提出共产主义青年团要把培养本团体成员的完整而彻底的社会主义世界观当作首要任务,并指出,"在实践中,青年组织要设法先同社会民主党组织接上关系,以便取得它们的指示并尽可能避免在工作一开始就犯大的错误"④。列宁也肯定了恩格斯关于妇女运动应当是独立的解放运动的观点,还进一步强调"女工运动的主要任务是争取妇女的经济平等和社会平等,而不仅是形式上的平等"⑤。这些思想为后来社会主义国家妇女群团工作的开展提供了方向。

---

① 中共中央马克思恩格斯列宁斯大林著作编译局编译:《马克思恩格斯全集(第十九卷)》,人民出版社 1963 年版,第 138 页。

② 中共中央马克思恩格斯列宁斯大林著作编译局编译:《马克思恩格斯全集(第十六卷)》,人民出版社 1964 年版,第 220 页。

③ 中共中央马克思恩格斯列宁斯大林著作编译局编译:《列宁全集(第三十九卷)》,人民出版社 1986 年版,第 28 页。

④ 共青团中央办公厅编:《革命领袖论共青团工作》,中国青年出版社 1992 年版,第 3 页。

⑤ 中共中央马克思恩格斯列宁斯大林著作编译局编译:《列宁全集(第三十八卷)》,人民出版社 1986 年版,第 204 页。

从群团组织发展的历史背景可以看出，"政治性"是群团组织区别于其他社会组织的独特之处[①]，大部分群团组织的孕育、发育和成长、成熟与中国共产党有深厚的历史渊源和紧密的现实关联，在某种程度上相当于党的"外围组织"。群团组织是党进行政治整合、社会动员的重要载体，是增强党的社会合法性基础的中介、平台。因此，群团组织的政治地位既是历史形成的，也是一种现实政治制度安排。

2015 年 7 月，习近平总书记在中央党的群团工作会议上明确提出了群团组织具有政治性、先进性和群众性三大本质属性的深刻论断，其中"政治性"是群团组织的灵魂，是第一位的，是群团组织的内生要素。[②] 由于群团组织带有的这种特殊的政治性，它们不仅要始终坚持党的领导，在思想上政治上行动上始终同党中央保持高度一致，坚决贯彻党的意志、意见；同时，各级党委也应从党和国家工作大局出发，切实加强和改进对群团工作的领导，为群团组织开展工作创造有利条件、提供支撑保障。从工会、共青团、妇联等群团组织的历史发展来看，先进性体现在其积极动员所联系的群众，自觉为党和国家的中心任务、工作大局竭力服务；自觉践行社会主义核心价值观，教育引导广大人民群众不断提高思想觉悟和道德水平，是党执政的坚实依靠力量、强大支持力量、深厚社会基础。群众性则体现在群团组织从最初就联系特定的利益群体，如工会代表工人利益、共青团联系青年、妇联维护妇女的合法权益、科协服务科技工作者，因此其在动员群众、组织群众、宣传群众，反映群众诉求、维护群众权益、规范群众行为方面发挥了特殊重要的作用。职工、青年、妇女、科技工作者等特定社会群体需要通过各自的组织表达和维护自身的合法权益，党和政府也需要工会、共青团、妇联等群团组织经常反映特定社会群体的利益诉求以改进工作、提升合法性。这种建立在紧密联系之上的利益代表结构是其

---

① 康晓强：《论习近平的群团观》，《社会主义研究》2017 年第 1 期，第 20-26 页。
② 《切实保持和增强政治性先进性群众性开创新形势下党的群团工作新局面》，《人民日报》，2015 年 7 月 8 日。

他组织难以企及、无法取代的。①

近年来,群团组织出现的"机关化、行政化、贵族化、娱乐化"以及机关工青妇组织一直以来存在发挥作用少、办法不多、效果不强的难题②,同样是与历史发展背景紧密相连的。因此有必要回顾和追溯群团组织在不同时期存在的问题,这有助于形成对照和更好地改革群团组织。早在民主革命时期,中国共产党的力量比较弱小,组织群众成为"党的基本任务"。因此,党着力组建各类群团,这是中国共产党动员群众的主要方式,也是反对国民党军事"围剿"的需要。③ 广泛组织民众参与社会团体,将分散的农民组织成强大的革命主体性力量,是中国共产党领导农村革命的制度性要求。在党的文件中,"柱石""枢纽""骨干""靠手""助力""支柱"等词汇被加诸各社团工作文件,足见党和政府对社团的明确期待及其分量。④ 中国共产党为了最大限度地发动和组织民众,采取各种政策措施鼓励和支持根据地工会、青救会、妇救会等群团的发展,在尊重群团独立性的同时,加强党对群团的领导和管理。

这一时期,群团组织在党领导下的革命根据地发挥重要作用的同时,也存在一些不容忽视的问题,这些问题给党的群团工作带来了不利的影响,包括形式主义(特别指部分群众团体在发展会员方面违反群众意愿,片面追求成员的数字效应)⑤、不良倾向(主要是由于不能正确认识与妥善处理革命整体利益与群众具体利益的关系,以致某些群团组织对于群众改善生活和利益的要求不是提得过高就是无视不理)、行政化和官僚主义(主要指组织和工作中出现了不顾自身特点、

① 康晓强:《论习近平的群团观》,《社会主义研究》2017年第1期,第20-26页。
② 王军:《党建要破解三个传统难题》,《求是》2013年第2期,第43-44页。
③ 张文标、戴莉萍:《中央苏区群团建设探析》,《党史文苑》2009年第12期,第12-14页。
④ 何友良:《苏区社会格局中的社团组织》,《地方文化研究》2013年第1期,第66-81页。
⑤ 陕西省总工会工运史研究室编:《陕甘宁边区工人运动史料选编(上册)》,工人出版社1988年版,第179页;陕西省总工会工运史研究室编:《陕甘宁边区工人运动史料选编(下册)》,工人出版社1988年版,第275-286页。

违反民主的"委派主义"和"命令主义")。中华人民共和国成立以后，实行高度集中的计划经济体制，群团组织的自主空间被逐渐压缩，最终与党形成隶属型领导关系。改革开放前，政治性社团发展的选择性很强，只有工会、共青团和妇联等有较大的发展，其他则难以发育。[①]由于和平时期离开群众便不能存在的直观性不那么明显，加之执政党具有组织动员人、财、物的强大能力和权力，一些干部误以为群众力量和群众工作似乎不那么重要了，群团组织难免不被附属化、形式化。[②]

改革开放后，单位组织层面的"转型"促使基层政治组织不得不谋求变革。特别是单位制解体以来，部分基层群团组织遭遇了一系列发展困境。例如，部分基层共青团、妇联及社会组织的党组织缺少运行经费，工作对象不理不睬，行政指令完全失效，组织工作繁重但职能作用有限等。[③] 随着单位制的进一步瓦解，工青妇等外围组织所联系和服务的对象不再完全依属于单位组织。[④] 特别面对改革开放出现的社会形态多样化、碎片化、流动化和陌生化，需要深化区域化党建，依靠工青妇等群团组织，架构起多元治理主体之间沟通与协商的桥梁，同时确定党在公共体系中的枢纽性地位。

因此，社会动员和社会管控两种取向的群团组织建设虽然保证了政权建设的需要，完成了相应的国家战略目标，但是却隐含着国家利益与人民利益需求、革命化与制度化的矛盾和冲突，并且这两对矛盾由于历史惯性和组织路径依赖延续至今，成为群团组织转型过程中的主要困境。[⑤]

---

① 杨光斌主编：《政治学导论》，中国人民大学出版社 2011 年版，第 167 页。

② 冯小敏：《继承和创新党的群众工作方法》，《上海党史与党建》2001 年第 2 期，第 10-15 页。

③ 葛亮：《从单位政治组织到社会政治组织——基于"两新"党建和群团改革的判断和预测》，《学习与实践》2020 年第 1 期，第 91-99 页。

④ 杨柯、唐文玉：《"群社协同"：群团组织参与社会治理的重要路径——以 H 市妇联协同女性社会组织为例》，《思想战线》2022 年第 2 期，第 117-126 页。

⑤ 陈佳俊、史龙鳞：《动员与管控：新中国群团制度的形成与发展》，《社会发展研究》2015 年第 3 期，第 151-168 页、第 245 页。

二、工会、共青团、妇联的职责及定位

职责定位是指在科学、全面、正确地分析把握各种客观因素的基础上，准确规范和确立自己职责行为纲领的一种谋略。[①] 1989 年颁布的《中共中央关于加强和改善党对工会、共青团、妇联工作领导的通知》（以下简称《通知》）是特别针对加强和改善党对工会、共青团、妇联工作领导而制定的，是一份做好工青妇工作的指导性文件。《通知》充分肯定了工会、共青团、妇联在思想政治教育中的作用，要求工青妇组织把加强思想政治教育放在重要的位置，按照培养"有理想、有道德、有文化、有纪律"的社会主义新人的目标，根据职工、青年、妇女的不同情况，分层次、有重点地开展思想政治教育。[②] 2013 年 5 月 4 日，习近平总书记在同各界优秀青年代表座谈时指出，共青团要用中国梦打牢广大青少年的共同思想基础，教育和帮助青少年树立正确的世界观、人生观、价值观。[③] 说到底，就是工青妇等群团组织是党紧密联系群众的桥梁和纽带。尽管在不同的历史时期，群团组织具体职责和功能定位有变化和差异，但是核心的定位和职能保持不变。

例如列宁认为，工会的地位介于共产党和国家政权之间，工会的全部特殊性就在于它把这两个特征结合了起来，是说服群众以及政权的"蓄水池"。[④] 它关系到政党的生存与发展，甚至决定了社会建设的成败，从而使工会所代表的工人阶级获得最大限度的利益。国外制度

[①]　李燕青：《新时期妇联维权工作职责定位思考》，《中国妇运》2004 年第 6 期，第 25-26 页。

[②]　罗建平：《充分发挥群众组织在思想教育中的作用——学习〈中共中央关于加强和改善党对工会、共青团、妇联工作领导的通知〉》，《思想政治工作研究》1990 年第 4 期，第 10-11 页。

[③]　习近平：《在同各界优秀青年代表座谈时的讲话》，《人民日报》，2013 年 5 月 5 日。

[④]　中共中央马克思恩格斯列宁斯大林著作编译局编译：《列宁全集（第四十卷）》，人民出版社 1986 年版，第 200 页。

学派认为工会具有权力职能、经济管理职能和自我实现职能。[①] 工会的最大作用就是通过组织罢工等工运活动,进而要求开展集体谈判等协调劳动关系,维护工会会员的经济利益。[②] 然而在 1989 年的《通知》中,中共中央明确要求各级党委高度重视工会工作,强调各级地方党委对同级工会的领导,主要是指导工会贯彻落实党中央的方针、政策和有关群众工作的指示,研究、决定本地区工会工作的重大问题,协商、推荐同级工会的主要负责人人选,协调本地区工会同政府部门的关系及工青妇组织之间的关系。在加强群团组织自身建设上,邓小平指出:"工会要为工人的民主权利奋斗,反对形形色色的官僚主义,它本身就必须是民主的模范。"[③]因此,我国的工会与国外的工会职能定位有所不同,有必要基于我国特定的国情和历史发展情况来梳理和研究新时代工青妇群团组织的职能和定位,如此才更有助于理解和有效发挥当前情况下组织在联系群众和参与治理中的作用。

在理解共青团与中国共产党的关系及其定位问题时,党团关系是决定其属性的重要因素。新民主主义青年团的成立,标志着党与共青团的关系开始走上了制度化衔接的道路。之所以是制度化衔接,是因为党已经开始走向成熟,并且不断强大起来,党有力量带领团组织开展活动,与此同时,共青团也希望通过党的带动来教育青年。[④] 因为"团是在党的领导下开展工作的。教育是一个几代人的事情,做好培养后代的工作,需要青年团这样的组织,不然工作很难开展起来。让党来领导青年团,就不会出现第二党这样的问题"[⑤]。早在 1957 年,关于共青团的发展方向问题,邓小平就指出:"作为中国共产党的亲密助手,共产主义青年团员还必须学会怎样把最广大青年群众团结起来一

①　Michael Salamon, *Industrial Relations*: *Theory and Practice* (Englewood: Prentice-Hall, 2000), p.114.

②　巨英:《二战后英国劳资关系的政治分析》,湖北人民出版社 2010 年版,第 44 页。

③　邓小平:《邓小平文选(第二卷)》,人民出版社 1994 年版,第 138 页。

④　倪瑾:《共青团的功能定位:组织动员和资源整合》,2014 年华东师范大学博士学位论文。

⑤　何启君编著:《青年团重建史料集萃》,中国青年出版社 1996 年版,第 80 页。

道前进。"①胡锦涛同志在五四运动八十周年纪念大会上的讲话明确提出共青团组织要承担三大职能：第一，发挥好作为党的助手和后备军的作用，为党的事业教育、团结和带领好青年；第二，发挥好作为国家政权的重要社会支柱的作用，积极协助政府管理好青年事务；第三，发挥好作为党和政府联系青年群众的桥梁与纽带的作用，依法代表和维护青年的利益，反映青年的意愿和呼声。② 因此，中国共青团的职能定位，从根本上来说，不论是服务于党的领导，还是服务于党的执政，都必须以巩固党对政权的掌握和领导为目标；从具体内容来说，就必须根据党领导和执政的内在规律和具体内容来确定自身的职能。③

　　世界妇女运动浪潮源自美国，在 20 世纪 60 年代再度形成了一个活跃的高潮，最早的参加者主要是美国受过良好教育的中产阶级妇女。这些妇女在自己受教育和寻找工作的过程中仍然面对不同程度的性别歧视，有些甚至是对她们权利的践踏和对她们劳动的剥削。于是妇女们组织起各种各样的妇女组织和妇女小组，交流各自的生活经验，相互启发和提高觉悟，并通过开会、讨论、上街游行等方式宣传自己的政治主张，甚至影响舆论，形成了新的大张旗鼓的妇女运动。④ 中国妇女作为社会主义建设的主体力量，为实现社会文明进步，推动中华民族发展与复兴作出了不可磨灭的贡献。《中华全国妇女联合会章程》明确规定，妇联组织的任务是："代表妇女参与管理国家事务、管理经济和文化事业、管理社会事务，参与民主协商、民主决策、民主管理、民主监督，参与有关法律、法规、规章和政策的制定，参与社会治理和

---

① 邓小平：《邓小平文选（第一卷）》，人民出版社 1994 年版，第 277 页。
② 中共中央文献研究室编：《十五大以来重要文献选编（中）》，人民出版社 2001 年版，第 842 页。
③ 郑长忠、袁罡：《社会转型期共青团职能定位与实现途径研究》，《中国青年研究》2008 年第 3 期，第 33-36 页、第 12 页。
④ 叶铭：《西方妇女社会地位的历史演变》，《湖南工业职业技术学院学报》2007 年第 3 期，第 94-95 页、第 101 页。

公共服务,推动保障妇女权益法律政策和妇女、儿童发展纲要的实施。"①实际上其基本职能就是代表和维护妇女权益,促进男女平等。

从历史发展的脉络看,妇联组织与共产党有着天然的依存关系,与党保留着直接领导与被领导的习惯传统。土地革命之后,共产党领导的中央妇运工委在党的领导下肩负着党的群众工作特别是妇女工作的职责,群众工作和妇女工作属于党的工作系统,是阶级解放与民族解放事业的重要组成部分。当时,群众工作、妇女工作与党的工作呈现出一体化的特点。作为中国共产党的妇女工作机构,中央妇委在贯彻党的思想路线、确定妇联工作的大政方针方面发挥了重要的作用。全国民主妇联成立后,中央妇委的领导蔡畅、邓颖超等和一部分工作人员同时兼任全国民主妇联的领导和工作职务。直到 1958 年中央妇委被撤销,两个机构基本上处于合署办公的状态。改革开放是妇联组织全面转型的重要时期。1978 年,第四次全国妇代会工作报告确立了妇女解放与"四个现代化"建设的内在联系,把妇联组织定位为实现"四个现代化"的"后勤兵"。② 改革开放以前,妇联发挥的功能主要偏重于行政性,履行着党和政府所设定的特定功能,社会性、民间性色彩不浓,真正代表妇女权益的能力不高。随着社会主义市场经济体制的确立和发展,妇联组织逐渐调整了自己的角色,由动员妇女参与社会转向呼吁社会关注妇女,开始为解决妇女问题寻找现实可行的办法,而不仅仅是向妇女传达党的声音。妇联越来越多地发挥了社会性、群众性功能,尽管仍带有较强的行政性特点,但其职能已经发生了重大的变化,组织的群众性功能日趋强化。③ 在第十一次全国妇代会上,更是明确提出了妇联组织的"国家政权重要社会支柱作用"的新职

---

① "中华全国妇女联合会章程",全国妇联宣传部,2023 年 10 月 30 日,https://www.women.org.cn/col/col35/index.html,检索日期:2023 年 12 月 20 日。

② 刘继同:《当代中国妇女工作的历史经验、结构转型与发展方向》,《中共中央党校学报》2017 年第 6 期,第 80-92 页。

③ 马焱:《妇联组织职能定位及其功能的演变轨迹——基于对全国妇联一届至十届章程的分析》,《妇女研究论丛》2009 年第 5 期,第 38-47 页。

能。因此,进入社会主义市场经济时期,如何处理国家、市场和妇女的关系成为这个时期妇女工作的核心问题。动员、组织广大妇女积极参加改革开放和经济建设,在提高生产力的过程中寻求妇女发展成为这一阶段的中心任务。[①] 1988 年,第六次全国妇代会就妇联的基本职能作了进一步明确,指出"妇联应代表和维护妇女利益,促进男女平等",把妇联重新定义为具有女权主义性质的团体。

从中华人民共和国成立前妇联组织的雏形到中华人民共和国成立后妇联组织的建立,再到计划经济和市场经济时期它的发展壮大,可以清晰地发现,妇联的发展总是同国家的发展紧密结合,妇女的解放被裹挟在国家现代化进程的潮流中,具有独特的历史时代特性。我国的妇联既不具有管理社会的决策职能和行政职能,也不具有公检法司部门的司法职能,也就是说没有直接独立维权的行政手段和司法手段,只有代表妇女利益、维护妇女权益、反映妇女意愿并联合或协调社会职能部门来实现对妇女权益的保障。[②] 但是,妇联组织不仅是代表中国妇女的政治团体,还应被视为中国妇女利益的代言人。

历史与现实实践反复表明,群团事业、群团工作并非只是群团组织自身的事情,也是我们党成长发展的内在要素、重要支撑。正是在这个意义上,群团工作是"党的"群团工作,加强和改进党对群团组织的领导是做好群团工作的根本保证,也是群团事业健康有序发展的题中应有之义。[③] 群团组织既要正确地代表所联系群众的利益,又要正确地引导教育群众。2003 年 6 月 17 日,习近平同志在浙江全省第十一次妇女代表大会上的祝词中就强调,妇联要努力在教育引导群众上下功夫,当好党的路线方针政策的宣传员、党与群众的联络员和妇女

①　辛晔、陈友华:《中国妇联组织的历史实践、问题与建议》,《山东女子学院学报》2019 年第 5 期,第 54-59 页。

②　李燕青:《新时期妇联维权工作职责定位思考》,《中国妇运》2004 年第 6 期,第 25-26 页。

③　康晓强:《论习近平的群团观》,《社会主义研究》2017 年第 1 期,第 20-26 页。

群众的服务员。[①]

进入新时代,党面临着复杂的国内外形势。国际方面,影响国际稳定的不和谐因素依然存在,局部热点问题此起彼伏,国际政治经济新秩序亟待建立,世界多极化格局尚不稳固,南北差距不断扩大。国内方面,外国敌对势力的干扰和破坏从未间断,各种社会思潮和意识形态的交织一刻也没有停止。同时,党面临着"四大危险"和"四大考验"[②],党员干部队伍出现了许多亟待解决的突出问题,制约着党的领导和社会主义事业的健康发展。如何切实提高科学民主执政能力、落实党的各项相关政策,成为摆在执政党面前的一道难题。这道难题考验着新时代的中国共产党的领导,倒逼党不断完善自身执政理念和执政方式。为巩固党的执政地位和群众基础,群团工作的发展显得尤为重要。群团工作伴随着我们党的诞生即开展起来,是我党的宝贵经验和优良传统,一直在传承发展。回首党的发展史,无不伴随着群团组织的身影,中国共产党也始终将群团工作摆在重要位置,始终发挥着群团组织联系面广、与群众亲密的优势,在革命建设改革的各个时期都发挥着桥梁和纽带的重要作用。

三、新时代群团组织改革的重要性及必要性

回顾群团组织产生和发展的历史背景可以看到,以工青妇为代表的群团组织与党和国家息息相关,尽管在不同的历史时期,其功能、性质有所差异,与当时的历史背景和社会发展现状紧密相连,但都是由

---

① 习近平:《干在实处 走在前列——推进浙江新发展的思考与实践》,中共中央党校出版社2006年版,第411页。

② "四大考验"是指执政考验、改革开放考验、市场经济考验、外部环境考验。"四大危险"是指精神懈怠危险、能力不足危险、脱离群众危险、消极腐败危险。参见胡锦涛:《坚定不移沿着中国特色社会主义道路前进 为全面建成小康社会而奋斗——在中国共产党第十八次全国代表大会上的报告》,人民出版社2012年版,第49页。

国家制度安排所决定。因此,群团组织的改革发展离不开更为明晰的外部政策支持和国家制度安排,尤其与党和政府具有很强的相关性。[①]为什么要对群团改革进行刮骨疗伤的改革?其重要性可以从主要群团组织的重要功能体现出来。

首先,中国工会是中国共产党领导的职工自愿结合的工人阶级群众组织,是党联系职工群众的桥梁和纽带,是国家政权的重要社会支柱,是会员和职工权益的代表。全国总工会是各地方总工会和各产业工会全国组织的领导机关。自成立之初,工会组织就要立足自身的特点和优势,创造性地开展工作,为推动社会主义经济、政治、文化、社会建设的全面发展,充分发挥工人阶级的主力军作用。工会作为国家社会治理系统中一个非常重要的团体,依法保护职工合法权益是其主要职责。但是,长期以来,中国工会的作用十分有限,没有很好地承担起"维护职工的合法利益和民主权利"这一重任。这不仅与工会干部的素质有关,更与工会的性质及工会干部的管理体制、选用方式不适应市场经济等深层次的原因有关。不解决这些问题,要想让中华全国总工会办公厅《关于在企业改制重组关闭破产中进一步加强民主管理工作的通知》落到实处很困难。[②]特别在新时代,面对新形势和历史任务,工会如何围绕党的中心工作,找准定位、发挥自身作用、更好地为全党全国工作大局服务,这是工会面临的重大课题。[③]特别面对社会转型期劳资关系的复杂多元,如果工会无法维护工人阶级的权益,工人群众自然难以拥戴工会,两者的关系就会紧张甚至出现诸多矛盾。但是如果只为维权而维权,忽视工会组织服务大局、服务中心作用,则容易流于片面,走进"死胡同"。因而,工会除了履行好本职工作,还必

[①] 陈佳俊:《群团组织改革研究》,2018 年浙江大学博士学位论文。

[②] 于建嵘:"如何让全总的通知落到实处?"《东方早报》,2009 年 8 月 17 日,http://www.jjckb.cn/gd/2009-08/17/content_175284.htm,检索日期:2020 年 12 月 9 日。

[③] 李娅婷:《新时代工会改革存在的问题及其对策研究》,《青年与社会》2019 年第 17 期,第 40 页。

须有主动服务大局的意识,牢牢树立起以经济建设为中心,最大限度地调动广大职工群众积极参与经济建设的意识。在维权方面,必须既要维护企业的整体利益,又要维护职工的合法利益;同时,在维权方法上,要考虑国情,落实实际,注重沟通、协调、组织广大职工群众参与企事业民主管理决策,体现民主集中,实现劳资双方集体共谋、效益共创、利益共享。

其次,共青团是党的助手和后备军,党旗所指就是团旗所向。团的所有工作,归结到一点,就是要当好这个助手和后备军。因为共青团坚持把培养社会主义建设者和接班人作为根本任务,把巩固和扩大党执政的青年群众基础作为政治责任,把围绕中心、服务大局作为工作主线。[①] 作为引领和指导青年的重要组织,尤其是要引导广大青年运用马克思主义立场、观点、方法观察分析问题,坚定正确政治方向,增强道路自信、理论自信、制度自信、文化自信,坚定不移听党话、跟党走。如果共青团难以有效发挥党联系青年群众的桥梁和纽带的作用,就难以实现我国青年工作的革命传承,这是攸关党和国家前途命运的重要问题。

最后,妇联是党和政府联系妇女群众的桥梁和纽带,是国家政权的重要社会支柱之一。特别是妇联的重要职能是关注婚姻家庭问题和因性别原因引发的侵权问题,比如家庭暴力、财产权益、就业歧视、性骚扰、女性劳动保护、儿童保护等。[②] 以毛泽东、邓小平、江泽民为核心的党的三代领导集体,用马克思主义基本理论深刻揭示了妇女在社会发展中的作用、妇女解放的根本出路和发展方向,为新中国妇女运动奠定了理论基础。妇女工作是党的群众工作的重要组成部分,有自己独特的工作对象和工作特点。对中国共产党而言,一方面需要把党的路线方针政策贯彻到妇女群众中去,转化成妇女自觉的实践活

[①] 习近平:《在纪念五四运动 100 周年大会上的讲话》,人民出版社 2019 年版,第 17 页。

[②] 兰青:《对妇联开展妇女信访代理协理工作的思考》,《中国妇运》2014 年第 7 期,第 27-29 页。

动，推动社会发展；另一方面需要从妇女实际出发，反映其呼声和要求，维护妇女群众的利益。如果党直接面对成千上万名妇女，它的工作量很大，效果又不一定很好。这就需要发挥中介体的传导与输出功能，以减轻党面临的压力。^①特别在我国进入新时代之后，全面二孩政策放开，女性虽然在法律上获得了与男子具有平等地位的各项权利，但由于受到生产力的发展水平、中国传统文化和职业发展压力等因素的影响，社会实践中真实的男女平等与法律规定的男女平等仍有较大的差距，女性在平衡职业和家庭方面面临诸多困难，特别是在求职过程中，性别歧视成为女性难以绕开的绊脚石。如何缓解和解决"全面二孩"^②到三孩生育政策^③下对女性的就业歧视问题就显得尤为重要。妇联要承担起代表和维护妇女权益、促进男女平等和妇女全面发展的重要任务。因此，对妇联功能和作用的改革是在新时代提升妇女幸福度、有效保护妇女权益的重要措施。

对于群团组织存在的问题，2015 年《中共中央关于加强和改进党的群团工作的意见》^④的出台和中央党的群团工作会议的召开证明党和政府把群团改革提上议事日程。尽管党和政府多次尝试改革，但是在对工青妇的转型过程中，依然难以有效革除旧弊，工会、共青团和妇联依然陷于无法有效适应社会变迁的外部要求的困境，面临改革。特别是在承接政府职能方面，《国务院办公厅关于政府向社会力量购买服务的指导意见》^⑤规定，承接政府购买服务的主体包括依法在民政部

---

① 付春：《性质转型、功能演化与价值变迁——建国以来我国妇联组织的转型分析》，《兰州学刊》2004 年第 4 期，第 200-203 页。

② 江苏省镇江市妇联：《妇联在落实"全面二孩"政策中的作用——以育龄妇女就业问题为视角》，《中国妇运》2019 年第 9 期，第 22-23 页；王河、刘菁祖：《生育二孩对育龄妇女职业发展的影响及其对策——基于育龄妇女和管理者调查问卷的统计分析》，《生产力研究》2019 年第 11 期，第 120-124 页。

③ "三孩生育政策实施后，如何促进女性平等就业？"《中国妇女报》，2021 年 7 月 30 日，http://paper.cnwomen.com.cn/html/2021-07/30/nw.D110000zgfnb_20210730_1-2.htm，检索日期：2023 年 3 月 30 日。

④ 详见附录八。

⑤ 详见附录四。

门登记成立或经国务院批准免予登记的社会组织,以及依法在工商管理或行业主管部门登记成立的企业、机构等社会力量。而《中共中央关于加强和改进党的群团工作的意见》要求各级党委和政府支持群团组织依法参与社会事务管理,承担社会管理服务。群团组织既具有坚定的政治方向,又具有广泛的群众基础,承接部分社会公共服务能够保证社会公共服务的公益方向,为党和政府赢得人心。①

基于群团组织改革的必要性和重要性,本书认为群团组织积极参与承接政府职能转移,特别是作为中介方联系政府和社会组织,参与社会各类服务和治理,既有利于保证公共服务的实效性,也有利于获取更多公共资源,对社会组织自身发展也是有利无害的。因为群团组织可以在人民群众和政府之间达成有效的合作共赢。而有了一定的资源,群团组织可以更好地孵化、培育、引领各类中小型社会组织,将其纳入主流组织架构,与党委、政府形成"互联、互补、互动、互通"的社会治理格局。

四、群团组织参与社会治理的现状和趋势

党的十八届三中全会明确提出"推进国家治理体系和治理能力现代化"的全新政治理念,标志着中国特色社会主义制度发展到了一个新的阶段。群团组织作为中国特色社会主义民主政治的重要基础,应当积极融入国家治理体系现代化进程。在社会治理体系中,由于自身能力的制约,社会组织在反映群众利益诉求、购买公共服务等方面的作用相对有限;而政府部门在面对复杂多样且没有内在联系的个体需

---

① 胡献忠:《群团组织承接政府职能转移:意蕴、困境与路径》,《青年工作》2019 年第 1 期,第 60-66 页。

求时不堪重负。① 作为党和政府联系群众的桥梁和纽带，群团组织能够利用自身"纵向到底、横向到边"的组织优势将分散化的社会组织联结起来，把边缘化的社会利益诉求传达到国家层面，同时又能把国家的决策传递到所联系的群体当中，这是其参与社会治理的特殊性和重要性，也是中国特色社会治理的重要方面。② 那么，当前我国群团组织参与社会治理的现状如何？ 在新时代为顺应社会主要矛盾的变化出现了怎样的发展趋势？

　　群团组织参与社会治理的第一个现状特点是协助成立"枢纽型"社会组织，因为"枢纽型"社会组织是创新社会治理的重要路径，目的是为政府与社会顺畅沟通和有效合作建立平台。因此，近年来，学界和实务界越来越多提倡发挥群团枢纽作用或者"把群团建设成枢纽型组织"。③ 实际上，"枢纽型"社会组织概念首次出现在 2008 年 9 月北京市社会工作委员会出台的《关于加快推进社会组织改革与发展的意见》。文件提到要加快推进政社分开、管办分离，构建"枢纽型"社会组织工作体系；逐步实行分类管理、分级负责，创新社会组织管理体制；逐步完善政策，积极培育扶持，促进社会组织健康有序发展；逐步实现党组织和党的工作的全覆盖，促进社会组织党的建设与业务建设有机结合、互相促进。力争用三到五年的时间，初步建立起与首都经济社会发展相适应的社会组织管理体制、工作机制和保障体系。"枢纽"一词，从字源本义上说，是指门户开合之枢与提系器物之纽，引申为事物的关键之处、事物之间联系的中心环节，常被用于交通领域。将"枢纽"一词用于组织系统中，主要意指某一组织在同类组织中的桥梁纽带作用。2009 年，北京市社会建设工作领导小组办公室《关于构建市

---

　　① 解丽霞、徐伟明：《群团组织参与社会治理的客观趋势、逻辑进路与机制建构》，《理论探索》2020 年第 3 期，第 69-75 页。

　　② 李培林：《我国社会组织体制的改革和未来》，《社会》2013 年第 3 期，第 1-10 页。

　　③ 葛亮：《群团组织参与社会治理创新——共同参与和搭台唱戏》，《浙江社会科学》2017 年第 5 期，第 62-68 页、第 157 页。

级"枢纽型"社会组织工作体系暂行办法》对"枢纽型"社会组织的界定为：由市社会建设工作领导小组认定，在对同类别、同性质、同领域社会组织的发展、服务、管理工作中，在政治上发挥桥梁纽带作用、在业务上处于龙头地位、在管理上经市政府授权承担业务主管职能的市级联合性社会组织。广东省将"枢纽型"社会组织界定为：通过政府部门认定的，在现有社会组织体系中处于枢纽地位，通过健全的组织系统和有效的服务支持，加强统筹协调与纽带联系，实现同类型、同性质、同领域社会组织的孵化培育、协调指导、合作发展、自治自律、集约服务、党团管理的联合性社会组织。[①]

　　基于"枢纽型"社会组织的特性，工青妇等原体制型群团组织完全可以成为政府信赖的组织，利用资源、组织、程序优势在既有的具有成熟庞大社会服务网络的基础上培育和发展"枢纽型"社会组织，在社会组织中发挥牵头与引领作用。群团组织的伞形组织结构下有众多分支机构、附属团体和规模庞大的会员，同时又拥有国家赋予的合法性，在资金筹集和项目开展方面更容易获得党委和政府的支持。[②] 对这些带有垄断性质的优势，群团组织没有必要回避，科学的态度应是合理利用优势，要利用难得的资源、组织和程序。例如在长三角地区，共青团江苏省 M 市 J 区委员会基于本区拥有 50316 名 14—28 周岁的青年，其中团员 35031 人，团青比例约 70%，涵盖农村、企业、高校、机关、创业以及科技工作者等青年群体；还拥有 1093 个的区基层团组织，包括 51 个团委、19 个团工委、53 个团总支，970 个团支部，充分发挥团区委的枢纽作用，成立并发展 J 区"青少年事务发展中心"这一"枢纽型"社会组织，主动承接与青少年相关的政府购买公共服务项目，具体通过三大方面实现培育和发展"枢纽型"社会组织的目标。

　　第一，团区委与驻区高校合作，借助专业力量承接政府的青少年

[①]　王鹏：《什么是枢纽型社会组织》，《中国青年报》，2013 年 10 月 28 日。

[②]　路云辉：《群团组织的角色定位与社会治理创新》，《特区实践与理论》2015 年第 4 期，第 111-114 页、第 122 页。

事务。主要通过项目合作、阵地合作、人才交流等机制，团区委与 J 区 XZ 学院社会工作专业合作，打造青年社区工作站，为区内 7000 余名外来务工人员提供社工专业服务。同时，充分利用高校社团的力量，发掘、团结、凝聚、服务有志于从事社会工作的学生骨干，通过活动订购、项目承接等方式与社团开展合作引导，帮助其走上公益创业的道路。例如，团区委出资扶持 M 市工程学院科协负责人成立青少年综合素质发展中心，为全区青少年提供科普教育服务。

第二，与现有的"枢纽型"社会组织合作，一方面培育和扶持本地区较成熟的社会组织转型升级，通过资源对接、技术交流和人才引进，引导其转型升级为组织孵化机构、人才培育机构和评估督导机构。例如，2015 年 J 区与 M 市工程学院的社工服务社合作，帮助其成立 J 区青年公益组织培育中心，实现由服务机构向培育机构的转型。另一方面针对区域内社会组织规模小、组织松散的现状，引进成熟的社会组织孵化器，为入壳的初创组织设计公益创业的产品，帮助他们提升组织内部治理、项目策划等专业能力。因此团区委通过对接省市资源，建设江苏省暨 M 市青年社会组织创新中心，为青年社会组织及人才的教育、培训、研发、服务社会公益创客空间作出努力。按照组织机构完备、工作体系完整等要求，截至 2016 年已招募来自全市的 19 家初创型青年社会组织入驻孵化园，通过提供为期一年的孵化培育服务，最终帮助小微组织实现自身"造血"与发展。

在孵化和培育的过程中，群团组织主要发挥的作用就是利用自身与政府紧密联系的优势，争取街道和社区的支持。这充分体现在通过团区委的支持和协助，社区可以为社会组织提供办公场所和硬件设施，降低了社会组织的办公资源、服务场地以及交通等各项成本。而街道作为购买资金来源主体，通过项目购买和岗位购买两种方式实现服务社区居民需求，这是社会组织仅靠自身能力难以实现的。尽管在合作初期，社区对引入的社会组织服务能力持怀疑态度，团区委通过后续对项目开展情况、服务质量、履约情况进行实时监测，规范组织行为,提升组织绩效。近三个月之后,团区委依托本地社区引入的社工服务社已经开展主题活动 10 余次,服务青少年群众 1000 多人次,并且紧密结合当地居民的切身需要和实际问题解决,得到社区居民的一致好评,有效缓解了社区社会治理压力。群团组织还利用其与企业的合作基础,积极鼓励和拉动企业对社会组织项目化提供资助,以"定额补助加以奖代补"的方式为项目进行融资。如在 2016 年 8 月启程的"J 区合伙人"爱心行中,某网络公司一开始向爱心团队提供了 10 万元资金资助,在该项目取得良好社会反响的前提下又提供长期稳定的资助。同时,团区委也创建了诸多公益创投项目,通过组织社会组织参与各类公益创投比赛,获取公益"种子基金",为公益项目起步阶段提供资金支持。这些基于团区委与国企的合作而为初创期公益组织提供的"种子资金",帮助这些社会组织迈出发展的第一步。

群团组织参与社会治理的第二个现状特点是借助互联网特别是信息技术,实现以社区为基础的基层工作平台建设,推进社会治理。随着互联网和自媒体的发展,信息技术在我国社会治理中发挥着极其重要的作用。将自媒体的运用与社区基层治理结合,是群团组织参与社会治理改革的重要方面之一。比如利用"平安浙江"App 推进工会参与社会治理就是一个典型缩影。浙江省 J 市各级工会贯彻落实市委要求,以参与社会治理为重点,在自身建设、作用发挥、维护权益等方面不断发力。比如,全市各级工会在组织建起来、资源沉下去、职责融进去、能力强起来等方面下功夫,引导更多的职工关注社会治理,承担社会治理责任,在社区、行业、楼宇、小微企业、互联网企业等新经济业态、新社会组织中建立工会组织,让基层工会组织真正建起来、转起来、活起来。J 市的职工每月在"平安浙江"App 上传安全隐患 5000 多条,减小了企业安全风险,维护了社会稳定。

在组织覆盖方面,浙江省 X 市总工会通过单独建会、联合建会、区域(行业)覆盖等形式,在社会组织中推进建立工作,加强工会与社会组织联系。在完成建会工作后,采取项目带动方式加强与社会组织融合互动,重点扶持了包括 X 市应急救援队、社区服务中心、纠纷化解老娘舅工作室、律师协会、志愿者协会、美容美发协会等七家社会组织,总工会先后购买了 12 项专业服务项目,内容涉及职工健康关爱、心理适应、婚恋交友等多个方面。同时在合作过程中实现了对社会组织的引导,社会组织在被孵化、发展的过程中紧密聚集在工会组织周围,同时得到工会的各类支持。截至 2020 年 12 月,X 市有百余支社会组织队伍被群团组织孵化,积极参与社会治理。这些社会力量汇聚起来的合力,在和谐劳动关系构建、心理咨询、养老服务、救灾救助、困难帮扶等社会治理难题解决方面发挥了不可或缺的作用。

在基层治理中,群团组织也借助网格化管理手段,通过如"妇联＋网格"123 工作法,实现了"妇联网络＋网格妇联""妇联网格＋全科网格"的双网融合,助力基层社会治理。网格化管理实际是一种数字化管理模式,主要利用电子网格地图技术,根据属地管理、地理布局、现状管理等原则,将管辖地域划分成若干网格状的单元,并对每一网格实施动态、全方位管理。[①] 我国网格化管理的实践开始于 2004 年,北京东城区以创新思路将网格化管理运用于社会治理领域,引起学界对网格化管理的关注。[②] 浙江省 T 市 L 区于 2018 年 9 月成立全国首个网格妇联,创建了"妇联＋网格"123 工作法。其中,"1"是指成立一个网格妇联,形成指挥中枢;"2"是推动"妇联网络＋网格妇联"和"妇联网格＋全科网格"两个融入,实现妇联微网格与全科网格的无缝对接;"3"是建立专兼职网格员交流对接机制、成长激励机制、共促共建三大机制,促进作用发挥。具体而言,通过网格妇联执委与村分管平安维权执委的队伍交叉,实现人员的融入。同时,借助区、镇(街道)工作联

① Feng Chen and Yi Kang, "Disorganized popular contention and local institutional building in China: A case study in Guangdong," *Journal of Contemporary China* 25: 100 (2016), pp. 596-612; 中共舟山市委政研室:《网格化管理:社会管理服务的一种新模式》,《政策瞭望》2008 年第 10 期,第 34-35 页。

② 中共北京市委党史研究室课题组、郝帅斌:《北京网格化城市服务管理的实践与启示》,《北京党史》2018 年第 2 期,第 62-64 页。

系群及村妇联"3＋X"微信群,将女专职网格员纳入其中,同时建立网格妇联微信群,构建互动链接式交流互动平台,实现妇联组织网格和信息网络"两网融合"。将妇女维权、平安家庭宣传等内容纳入专兼职网格员职责,鼓励其当好平安家庭创建的宣传员、家庭纠纷信息的采集员、妇情民意的联络员、矛盾纠纷的调解员和网格居民的服务员。在全科网格的大框架内,进一步细化妇联微网格,按照"1＋1＋X"的模式来配齐配强网格妇女小组队伍。第一个"1"是妇联执委担任微网格的小组长,第二个"1"是女党员或妇女小组长担任微网格的信息员,"X"是巾帼志愿者。通过"1＋1＋X"的妇联微网格融入全科大网格的形式,在网格中建立起有效的维权监测干预网络,及时掌握涉及妇女儿童权益的动态信息,争取把问题化解在萌芽阶段。通过该工作法,T市L区将妇联与基层平安建设的工作力量相结合,实现了工作力量下沉到网格,服务管理在网格,问题化解在网格,群众满意在网格,促进了群团与综治工作的共建共治共享。

可见,群团组织充分运用新媒体、工作群和微信平台等互联网技术,与社会组织合作、以网格化治理投入基层社区,可以更贴近群众,在疫情防控过程中尤其起到了显著的治理成效。同时,借助网格,有助于培养和发掘基层女性的创业思维,为她们就业和创新提供服务,并对女性在心理健康、家庭矛盾、法律法规和职业发展方面提供心理支持和情感协助。

群团组织参与社会治理的第三个现状特点是通过政府购买服务的方式以外包项目与社会组织开展合作。2013年,《国务院办公厅关于政府向社会力量购买服务的指导意见》(国办发〔2013〕96号)将服务承接主体扩大到社会力量,并在全国推广,标志着国家开始全面推行政府购买公共服务。政府购买服务的核心是权力共享。因此,如何实现公共治理与私人市场的合作是政府外包服务的重点,本质上跟国家与社会关系密切相关。① 特别在中国的语境下，政府的放权与民间社会的活跃是国家和社会合作、成为伙伴的政治与社会基础。研究发现，在实践中，国家通过直接介入社会组织成立和运行，形成名义上政府与社会的分离，但在实质上仍能保持政府对社会的直接控制，让国家的资源仍然在系统内流动。② 这种外包服务模式在群团组织与社会组织的合作中也广泛存在并被全面应用。

鉴于群团组织特有的政治性，其可以几乎代表政府来物色、筛选和确定购买其服务的社会组织。2013 年 9 月印发的《国务院办公厅关于政府向社会力量购买服务的指导意见》明确规定，纳入行政编制管理且经费由财政负担的群团组织，也可根据实际需要，通过购买服务方式提供公共服务。有学者批评尽管政府购买服务是通过公开招投标的形式使工青妇成为代表政府实施购买服务的服务主体（以下简称购买主体），但社会组织成为被购买服务的承担方，经常需要建立在一定的"友情"关系基础上得以被认可和获得直接拨款资助。③ 另外，政府购买公共服务在实践中也遭遇不少困难，比如缺乏完善的制度环境和法律保障④，政府与社会组织的关系仍然处于一种不平等的结构性失衡状态⑤以及购买服务过程中缺乏竞争，导致服务质量难以保证、服务对象满意度降低、社会认可度不高等现象⑥。

然而，政府购买公共服务形成了政府与社会组织合作提供公共物

---

① 凯特尔：《权力共享：公共治理与私人市场》，孙迎春译，北京大学出版社 2009 年版。

② 管兵：《竞争性与反向嵌入性：政府购买服务与社会组织发展》，《公共管理学报》2015 年第 3 期，第 83-92 页、第 158 页。

③ Yijia Jing, "Outsourcing in China: An exploratory assessment," *Public Administration and Development* 28: 2 (2008), pp. 119-128.

④ 邰鹏峰：《政府购买服务的制度成效、问题与反思——基于内地公共服务现状的实证研究》，《学习与实践》2012 年第 9 期，第 74-79 页；徐选国、杨君、徐永祥：《政府购买公共服务的理论谱系及其超越——以新制度主义为分析视角》，《学习与实践》2014 年第 10 期，第 92-101 页。

⑤ 彭少锋、张昱：《迈向"契约化"的政社合作——中国政府向社会力量购买服务之研究》，《内蒙古社会科学（汉文版）》2014 年第 1 期，第 161-166 页。

⑥ 詹国彬：《需求方缺陷、供给方缺陷与精明买家——政府购买公共服务的困境与破解之道》，《经济社会体制比较》2013 年第 5 期，第 142-150 页。

品、公共服务的伙伴关系,购买主体的结构及变化是形成伙伴关系的最直接体现,同时丰富了购买主体与承接主体间的互动关系。① 不可否认,群团组织因其与政府之间的紧密关系,更容易得到政府和社会的广泛认可,在资源技术占有方面更有优势,在当前的政治话语体系下,群团组织在一定程度上可以改善社会组织的发展处境。2015 年,《中共中央关于加强和改进党的群团工作的意见》明确要求,支持群团组织参与创新社会治理和维护社会稳定、支持群团组织立足自身优势,以合适方式参与政府购买服务。② 此后,群团组织改革的切入点就是通过培育和孵化社会组织,推动群团组织业务和社会组织业务的有效对接,促进社会组织良性可持续发展,形成群团组织引导社会组织承接政府购买服务的能力培育支撑系统。③

以上海为例,2014 年以来,市妇联尝试突破传统群众工作方式,通过与社会力量合作,把传统群众工作方式与社会工作方式结合起来,采用社会关怀、沟通协商、公众参与等方式联系和服务妇女群众,展现妇联在新时代背景下的深刻凝聚力和广泛影响力。一方面,市妇联将搭建网上妇联平台,通过以"上海女性"微信号为中心的妇联微信矩阵,广泛联系妇女群众;另一方面,重点着手购买服务项目,落实实事工程。2017 年,市妇联承接市政府实事项目"新建 20 个社区幼儿托管点",积极探索社区嵌入式托育服务模式,为上海本地户籍的 2—3 岁儿童提供看护服务,主要是照料确有困难的家庭。各区根据实际情况再对此进行细化、补充,托管费用将根据物价部门政策标准和实际成本测算制定。项目采用公建民营方式引入专业组织承接运营管理,即由政府提供场地等基本设施,以公开招募的方式购买承接运营组织

---

① 王浦劬、萨拉蒙等:《政府向社会组织购买公共服务研究:中国与全球经验分析》,北京大学出版社 2010 年版,第 1 页。

② 详见附录八。

③ 郭春甫、周振超:《群团组织参与政府购买公共服务创新实践——以重庆市为例》,《北京航空航天大学学报(社会科学版)》2017 年第 4 期,第 18-22 页、第 42 页。

（包括在登记管理部门登记或经国务院批准免予登记的社会组织、按事业单位分类改革应划入公益二类或转为企业的事业单位，依法在工商管理或行业主管部门登记成立的企业、机构等社会力量）服务。2014—2016 年，妇联侧重机构内部的项目化运作，项目更多由妇联部门联络社会力量实施，主要对涉及需求调研、重大活动、帮扶增能等相关工作事务以独立的协议委托给社会力量，妇联通过将部分工作经费转化为购买服务经费，把零星的日常工作转变为系列活动和服务相应的经费保障。2016 年之后，随着项目运作的成熟化，妇联逐步与社会力量加强紧密合作，特别针对一些特定领域，如妇女儿童家庭项目，通过合作推动项目往更加专业化、科学化和精细化的方向发展。①

又如浙江省 Z 市新成立了社会组织联合工会，特别负责社会组织承接工会类购买服务项目及对基层社会组织工会开展指导监督工作。② 社会组织联合工会涵盖了 24 家社会公益慈善组织的服务，承接包括法律援助、环保宣传、心理咨询援助、特殊人群教育等社会服务，并有专职、兼职人员和志愿者 1260 余人投入其中。社会组织联合工会成立后，搭建了工会服务职工群众的新平台，依托工会的组织优势和社会组织的服务优势，更好地为职工提供技能提升、权益维护、文化娱乐等服务活动。特别是团结、联系、吸纳一批劳动关系领域社会组织，参与职工服务项目，逐步建立起以职工服务为主的多领域、广覆盖的社会组织工作网络，回应职工最迫切、最关心、最匮乏的需求，发挥社会组织的优势，更好地承接工会各类项目，为广大职工提供精准服务。尤其值得关注的是，社会组织的资金来源除了包括上级工会下拨的购买服务专项基金和奖励、补助资金，还有包括会员缴纳的会费和符合法律法规、政策规定的其他资金。在政府购买服务之外，对于不适合属地管理和行业主管部门不能归口的社会组织、没有业务主管

---

① 徐越：《妇联向社会力量购买服务研究》，2019 年中共上海市委党校硕士学位论文，第 20-21 页。

② 详见附录三，《浙江省 Z 市社会组织联合工会工作规范》。

（指导）单位的社会组织以及处于培育阶段的社会组织，其工会工作由联合工会直接负责。

群团组织既可以有效承接政府购买服务项目，又可以围绕各自的专业领域培育发展出大量的社会组织，形成中国特色的社会服务体系。在实现组织转型的过程中，政府与社会如何实现一种制度的合作博弈是一个非常关键的问题。这个问题也给予我们这样一种可能性的假设：在市场经济条件下，组织转型的一个特殊的条件就是保持原有的组织结构，同时这些延续的组织也必须根据转型社会的要求进行功能变迁，从而承担来自新的社会结构和国家以及市场的要求。新形势的出现和发展尤其要求群体组织能承担起表达各个方面的利益的职能，同时把自己的利益需求努力赋予这些组织载体。而政府也力图通过这些组织载体对新的力量进行调控和引导。[①]

五、本章小结

本章主要梳理我国以工青妇为主的群团组织成立的历史背景和发展的过程，明确群团组织特有的组织性质及其与一般社会组织的差异。将群团组织的职责和定位放入历史的视野考察，可以清楚展示其特殊政治性以及与中国共产党的紧密关系，这对重新定位它们在新时代社会治理中的作用非常重要。当然面对新形势的转变和当下的现实情况，群团组织有必要实施改革和组织转型，以便适应新时代社会发展现实的需要。工青妇在通过培育"枢纽型"社会组织、借助互联网特别是自媒体技术孵化和发展社会组织以及通过政府购买服务方式实现对社会组织的资源支持是当前群团组织参与社会治理的最大特

---

①　郎晓波：《社会治理视野下的工会转型与政府角色研究——以浙江省 YW 市工会维权模式为个案》，《北京行政学院学报》2008 年第 6 期，第 34—39 页。

点。下文将重点通过案例展示群团组织参与社会矛盾纠纷化解的方式,展示群团组织与政府、社会组织之间的协作关系,并且揭示在我国社会转型期社会矛盾纠纷频发的背景下,群团组织孵化和培育社会组织参与纠纷化解是有效预防和调解疑难纠纷、实现政府对社会和谐稳定目标的重要手段,也是我国多元化纠纷化解的机制之一。

第五章　群团组织参与社会
矛盾纠纷化解和社会治理的路径

一、个体纠纷化解：律师参与调解婚姻家庭纠纷

改革开放以来，中国社会总体格局已经由总体性支配权力逐步转变为技术性治理权力[①]，具体表现为不断深入的行政科层化改革，行政程序技术的精细化以及治理指标的多重化等问题。这无疑导致政府职能过多、行政成本过高、社会空间发育不足的矛盾。在技术性治理的框架下，近年来我国不断创新社会治理的制度和技术，出现了诸多"非制度化"的治理模式，如依法治理[②]、项目化治理[③]、大数据治理[④]、图像治理[⑤]等。关注和讨论中国的治理体系不能忽视这些非制度化治理手段，一方面这些治理模式有着深刻的政治与社会背景，另一方面

[①] 渠敬东、周飞舟、应星：《从总体支配到技术治理——基于中国 30 年改革经验的社会学分析》，《中国社会科学》2009 年第 6 期，第 104-127 页、第 207 页。

[②] 张文显：《运用法治思维和法治方式治国理政》，《社会科学家》2014 年第 1 期，第 8-17 页。

[③] 陈家建：《项目制与基层政府动员——对社会管理项目化运作的社会学考察》，《中国社会科学》2013 年第 2 期，第 64-79 页、第 205 页。

[④] 郑瑞强、曹国庆：《基于大数据思维的精准扶贫机制研究》，《贵州社会科学》2015 年第 8 期，第 163-168 页。

[⑤] 杜月：《制图术：国家治理研究的一个新视角》，《社会学研究》2017 年第 5 期，第 192-217 页、第 246 页。

它们的出现与中国的历史、文化和革命传统有着密切联系。① 与此同时，情感社会理论开始兴起，这回应了社会学的一个隐含的情感传统，情感进入国家治理与社会建设的视野，情感社会学、情感政治、情感与社会运动亦成为当代社会学的重要研究主题。②

在矛盾纠纷解决的实践中，中国各地政府为了有效遏制和解决社会矛盾、疏导民怨，采取了各种创新和多元化的纠纷解决机制③，其中包括大调解④、关系型压制、心理工程、软硬兼施⑤等。这些多管齐下的纠纷解决方式代表了一种强调情感关怀、心理慰藉和非强制性劝说的倾向，以非暴力、低强制和注重心理情感的方式来处理当前和未来的群体性事件。这些研究强调了非正式关系（亲戚、朋友、邻里、乡贤）在化解纠纷矛盾中的积极作用，但忽略了中国基层社会的个体化趋向造成初级群体关系纽带瓦解的情况。特别是在城市基层社会中，以利益为导向的集体行动者难以运用非正式关系介入和化解，基层矛盾一旦发生就会激化和放大，对有效解决提出了极大的挑战。

萧楼在对东南沿海地区农村税收政治动员的研究中提出"柔性政权"的概念⑥，即政权管制的精密化和政治资源运用的单一化统一。本书将群团组织的重要组织之一———妇联——与社会组织合作参与信

---

① 裴宜理：《重访中国革命：以情感的模式》，《中国学术》2001 年第 4 期，第 97-121 页。

② 何雪松：《基层社区治理与社会工作的专业回应》，《浙江工商大学学报》2016 年第 4 期，第 109-112 页。

③ Jieren Hu and Yang Zheng, "Breaking the dilemma between litigation and non-litigation: 'Diversified mechanism of dispute resolution' in China," *China Perspectives* 2 (2016), pp. 47-55.

④ Jieren Hu, "Grand mediation in China: Mechanism and application," *Asian Survey* 51: 6 (2011), pp. 1065-1089.

⑤ 孙立平、郭于华：《"软硬兼施"：正式权力非正式运作的过程分析——华北 B 镇定购粮收购的个案研究》，载清华大学社会学系主编：《清华社会学评论（特辑①）》，鹭江出版社 2000 年版，第 21-46 页。

⑥ 萧楼：《柔性政权："政治动员"下的乡镇和村庄——东南沿海 D 镇个案分析》，《浙江学刊》2002 年第 4 期，第 66-74 页。

访矛盾纠纷化解的模式称为"柔性治理"（flexible governance）。[①] 所谓柔性治理，是指强调通过情感关怀、心理安慰和婉转柔和劝说化解矛盾纠纷的方式。[②] 实施柔性治理的主体是地方政府，主要力量是社会组织，即专业机构和人士，由他们向访民、弱势群体和表达诉求的利益群体提供心理抚慰、精神慰藉和各种支持，以实现有效的纠纷化解。它实际上是以维护社会稳定为政治目标的国家权力对基层社会的一种渗透。"柔性治理"的出现是应当前我国法治发展过程中出现的很多难以通过法律有效解决的疑难纠纷化解所需。过去，情感是被矛盾化解和多元化纠纷化解边缘化的议题，但是随着纠纷的复杂性和持久性，以及法律未必可以满足不同主体的利益诉求，实现社会稳定和谐的目标，近年来，情感在纠纷化解和社会治理中的作用不断凸显，开始进入国家治理与社会建设的视野。[③] 群团组织主要从个体纠纷化解和群体纠纷化解两方面来实现柔性治理，从而找到匹配的以及可以长期合作的社会组织，参与社会治理。

　　柔性治理的概念虽然也包含了关系、面子、人情等一系列非正式制度的运作，但柔性政权强调的是行政权力框架下非正式关系的运用，减少了强制性干预的尖锐。柔性治理主要表现为三个方面：一是在政策和法律允许的范围内运作，使矛盾纠纷的化解更灵活；二是通过政府购买服务及各种形式的国家与社会合作方式，政府将私人企业或社会组织提供的教育、医疗和基础设施等公共产品和服务外包出去；三是采用间接方式，运用专业化、系统化方式来解决矛盾。柔性治理是中国革命时期国家建设和社会建设过程中"情感治理"和"调试性

[①] Jieren Hu, Tong Wu and Jingyan Fei, "Flexible governance in China: Affective care, petition social workers and multi-pronged means of dispute resolution,"*Asian Survey* 58:4 (2018), pp. 679-703.

[②] 田先红：《从维权到谋利——农民上访行为逻辑变迁的一个解释框架》，《开放时代》2010 年第 6 期，第 24-38 页。

[③] 何雪松：《情感治理：新媒体时代的重要治理维度》，《探索与争鸣》2016 年第 11 期，第 40-42 页；程军、刘玉珍：《环境邻避事件的情感治理——当代中国国家情感治理的再思考》，《南京工业大学学报（社会科学版）》2019 年第 6 期，第 52-62 页、第 112 页。

合作"①的发展,它要求政府和社会组织采用联合的创新方式在当地实现善治从而实现社会稳定和政权合法性。

江苏省 S 市市民姚季与管悦于 2001 年 2 月 26 日结婚,都在 S 市某工厂工作,两人收入不高,生活上一直比较简朴。2001 年 12 月 28 日,姚季诞下一子管宝森,儿子的到来让这个家庭一度充满了甜蜜和温馨,但由于姚季和管悦夫妇收入有限,养育幼儿并为之提供尽可能好的生活环境成了二人心头最紧要的任务。管悦作为一家之主,其性格十分细致严苛,考虑到家庭有限的收入和巨大的开销,紧迫感促使其开始严格调整生活习惯减少外出娱乐并极尽可能缩减各项开销,力求通过自己的简朴和努力为儿子提供更舒适的学习生活环境。姚季是一个性格开朗、随性的女性,在她看来,虽然二人收入微薄,但也并非到了一贫如洗的地步,对丈夫严格的生活规划表示无法理解。至此,由于夫妻二人生活态度的分歧,矛盾和对立在各种生活的小事中开始逐渐积累并日益严重。

管悦以为自己一切都是为了家庭着想,妻子理所应当服从自己的安排,所以妻子姚季的身份证与银行卡均由其保管,对妻子的生活习惯也常有严格要求。而妻子认为丈夫即使是为了家庭考虑也严重干涉自己的生活自由,并认为丈夫的严苛对孩子的成长形成了极大的压力,故对丈夫的安排嗤之以鼻。二人常常为此争执不下,一次,因为姚季上网聊天购物的事情,管悦没能控制住情绪出手打伤姚季,后来,二人矛盾不断积累,肢体冲突也开始逐渐增多。2018 年,管宝森已经 17 岁在读高一,管悦又因生活琐事和妻子争吵,并殴打了姚季,姚季报警,派出所在调查情况后对管锐开具了家庭暴力告诫书,事后管悦情绪平复后感到十分懊悔,但姚季却觉得实在忍无可忍,一气之下向法院起诉离婚。

---

①　郁建兴、沈永东:《调适性合作:十八大以来中国政府与社会组织关系的策略性变革》,《政治学研究》2017 年第 3 期,第 39-41 页、第 126 页。

2018年5月,姚季向S市J区人民法院递交了请求离婚的起诉材料,下定决心解除和丈夫维系了十几年的婚姻,J区人民法院调解庭的法官在收到案件后,考虑到姚季夫妻产生矛盾的原因和姚季受家庭暴力的情况,与S市妇联及由妇联孵化成立的LY婚姻家庭纠纷矛盾调解站取得了联系,并和调解站站长王佩敏律师沟通了案件情况。经过调解站多位调解员的审慎分析,姚季与管悦夫妇虽然双方性格有异,且发生了肢体冲突的严重情况,但二人的矛盾纠纷主要源自二人在家庭发展和孩子教育上的分歧,本质上是因为二人都希望家庭幸福、孩子健康成长,但是在实现方式上产生了差异而又缺乏冷静沟通导致了冲突矛盾,所以本案只要细心梳理双方矛盾根结,为双方创设一条平静、顺畅的沟通渠道,并辅之以情、理、法的劝解引导,是存在调解可能性的,亦有可能挽回这个濒临破碎的三口之家。

调解思路一经确定,便要在双方矛盾激化前迅速展开调解工作,此案的重任最终落到了LY调解站王佩敏律师等调解员的身上。王佩敏律师常年从事律师工作和调解活动,擅长挖掘矛盾症结和排解双方情绪,所以他一接到案件,立即与姚季和管悦夫妇取得了联系。姚季开始并不愿意接受调解,在王律师的劝说下,她终于答应和丈夫坐下来进行一次面对面的沟通,王律师立即为二人确定了调解的时间和地点。2018年6月6日上午,姚季和管悦在双方律师和亲属的陪同下如约来到LY调解站。这对夫妇在最近一次肢体冲突后已经分居,姚季回到了娘家生活,管悦忙于工作和管教孩子一直未和姚季联系,二人见面后,敌对情绪明显。调解员张丽莉律师先向姚季询问其近况,得知上次发生暴力冲突导致的伤情已基本恢复,只是现在她下定决心绝对不会再原谅丈夫,一定要诉讼离婚。管悦听闻此言,立马向调解员表示,他此次只希望和妻子和好,不论是为了二人的将来还是孩子的发展都绝对不希望离婚。

调解伊始,二人对于婚姻是否存续分歧巨大,但是调解员们深知要达成调解,势必要把二人的矛盾先讲出来,才能为二人的沟通解决创造可能。因此调解员向双方释明,大家先各自将在婚姻当中产生的问题从自己的立场表述出来,在一方陈述的时候另一方要尽量尊重对方,不要打断对方的陈述。在明确了调解秩序后,姚季先讲述了她对婚姻失望的原因:首先,姚季觉得丈夫的脾气实在太过暴躁,争执不下便出手伤人,这深深伤害了她的身心健康。其次,丈夫一直代为保管她的银行卡和身份证,对其生活的各项习惯指手画脚,姚季深感自己的人身自由受到限制,在丈夫的高压下,幸福感几乎湮灭。最后,丈夫和自己对孩子的教育问题一直达不成一致意见。比如丈夫严禁孩子玩手机,就使用手机的问题多次与儿子生气发火。但她觉得对孩子的管理不需要那么严格,所以经常私下偷偷将手机交还给儿子,二人为此等小事常常大吵大闹,如此长期冲突对孩子的成长也有诸多不利,所以姚季女士再次表明自己和丈夫一定要离婚,孩子的抚养权归自己。管悦听闻此言,本来平静的他也立马激动了起来,他表示:首先,自己动手打人确实不对,但干涉女方的生活习惯是因为女方太过散漫,如果自己不去管她,他担心这个家庭都无法正常运转。其次,孩子已经上高中,正值学业最为紧要的阶段,却因为上网、早恋等问题多次被老师叫家长,他是出于孩子学业的考虑才严禁儿子上网,女方竟然对他的良苦用心毫不理会。谈话至此,已经接近午时,虽然双方的矛盾都已经摊开,一目了然,但二人情绪非常激动,调解员们意识到此时双方在情绪的作用下必然不愿理解对方,便暂停了调解活动,约定午后再继续进行。

双方情绪经过中午的缓和后已经恢复平静,调解继续进行。因为上午双方已经将各自的不满进行了充分表达,所以开场王佩敏律师便针对上午的情况先向管悦进行严肃声明,无论二人发生什么样的争执,家暴行为都是非常恶劣的解决方式,在这方面他是有绝对责任的。管悦本人对此非常认同,同时这番开场也表达了对姚季的理解,从而卸下了姚季心中的抵触与防备。

之后,王律师针对二人个性差异、生活习惯、家庭教育等矛盾来源向双方做了分析。他强调彼此对对方的同理心和情感体验，二人虽然性格有差，但也是天然互补，家庭生活的和谐在于求同存异和换位思考，如果二人本性不合，那么二人早年的幸福生活也不会存在，是逐渐缺乏沟通和敌对情绪促使他们不再站在对方的立场考虑，因而即使是小矛盾也不能及时化解。至于二人在生活习惯和家庭教育上的分歧，究其根本，在于他们都希望这个小家庭能有一个理想的生活状态，正是由于双方对家庭的在乎，反而过为已甚，偏离本心，让家庭陷于争执不得安宁。经王律师分析劝说，二人逐渐意识到双方的冲突并非原则性的对抗，管锐对自己的暴力行为多加反省忏悔，表示今后一定要调整心态，不能对家人如此严苛。但姚季考虑到丈夫之前便有家暴行为，忏悔后却食言，因此不敢相信，犹豫不决。

王律师适时调整调解方式，将姚季和管悦分开进行了沟通。他先向管悦说明，暴力行为以后绝对不能再发生，否则这段婚姻将无法挽回，而且通过释明相关法律规定让他认识到家暴行为的严重性和违法性，不论从情的角度还是法的角度，管悦对此都有了深切感受，表示绝对不会再付诸暴力。其后，王律师和姚季进行了深切沟通，从二人对孩子深切的爱这个共同点出发，逐渐引导姚季放下对丈夫的敌意，同时还询问二人之间曾经一些温馨的生活片段以唤醒姚季对丈夫感情，最后又以法律和社会组织对女性的保护、对家暴的惩戒让姚季获得安全感，重拾对家庭的信心。最后姚季和管悦终于在王佩敏律师的调解下达成和解，当天下午，姚季便向法院申请了撤诉。

LY调解站是S市妇联于2014年开始孵化并成立的矛盾纠纷调解中心。要以柔性方式化解复杂的婚姻矛盾，部门联动是首要基础，也是其最大的化解纠纷的优势。上述案例中，一开始姚季便提起诉讼要求离婚，J区法院调解庭深知诉讼活动对婚姻家庭各当事人的伤害，所以立刻联络市妇联、LY调解站等组织进行沟通，为矛盾的和平化解决提供可能。妇联组织工作经验丰富，对此类情况早有考虑，所以长期孵化产生了LY调解站，这是调解成功的组织基础，LY调解站具备充分的调解经验和能力,具有资深和专业的律师和调解员亦是本案达成和解的关键。本案中,法院、妇联、调解站不同社会力量的联合行动,齐力参与,最终促使双方达成和解,这也说明,不同部门、组织间的沟通联动必不可少,众志成城方能及早定纷止争。

其次,用爱修复关系和赢得对方的理解和同情是矛盾纠纷解决的关键。尽管有些原则性的矛盾很难调和,此时如果硬要双方达成和解显然不可能,但案例中经调解人员细致的研究和充分的倾听,他们抓住了双方矛盾冲突的根源,发现了二人和解的可能性,没有在激烈的情绪对抗中放弃对于二人心理的疏导和问题的排解,而是强调过去的美好、温情和爱意,最终引导双方正确认识了矛盾并实现和解。

最后,灵活方式是保证。调解活动并非单纯让双方宣泄不满,如何让冲突的两方既能有节制地表达清楚各自需求,又能让场面不陷于争执失控;如何排解激烈的情绪,引导当事人冷静思考;如何在冲突中发现共同点,并让双方站在对方的角度思考,这都是在调解中需要把握的细节。案例中富有经验和技巧的调解员通过调解秩序的确认防止双方争吵过激,通过中场暂停缓和双方情绪,又通过分别沟通动之以情、晓之以理,这些调解技巧的灵活运用都有力推动了和解的达成。

二、群体纠纷化解:妇联介入信访案件的调处

信访制度作为一种颇具中国特色的民主机制,具有政治参与、民主监督和权利救济等重要功能。[①] 在实际运作中,信访在功能上越来越发展成为基层民众要求实质利益补偿以及表达负面情绪的渠道,这在很大程度上已经超过了信访制度本身所能够负荷的程度,一方面导致信访数量的高位运行,另一方面导致无法获得利益补偿的信访人员

---

① 应星:《作为特殊行政救济的信访救济》,《法学研究》2004 年第 3 期,第 58-71 页。

的长期积压,甚至缔结成表达利益诉求、争取利益补偿的网络。部分群体由于在体制转轨、经济转型过程中社会地位、经济地位以及政治地位下降,相对剥夺感增强,要求共享经济社会发展成果的愿望愈加强烈。根据本研究的调研信息,在上海由专业社工介入纠纷化解的122个案例中,拆迁、征地问题占了63.9%(见图5.1)。

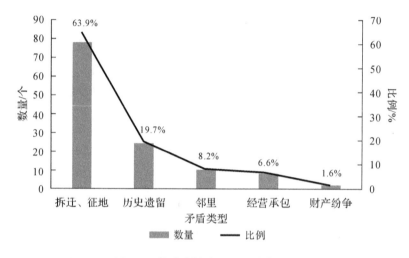

图 5.1　信访案件中不同矛盾的比例

上海市妇联与民政部门合作,于2014—2017年,通过购买社工机构服务介入纠纷化解的实践经验可以揭示群团组织参与纠纷化解的"柔性治理"模式及其意义,期望为我国未来特殊群体信访化解工作提供理论支持与依据,从理论上发展了多元化纠纷化解理论和当前新型的纠纷化解方式。实践中,上海市的"柔性治理"模式在很大程度可以为其他城市的纠纷化解机制提供一个有效的借鉴和参考,期望可以更有效地适应我国社会的情况和现状,有效化解法律和政策之外的疑难纠纷。

特别针对一些历史遗留问题和长期积压的矛盾纠纷,当城市居民失去原有的体制保障而面临风险时,他们往往会将不满和怨恨投射向旧有体制,而当下的地方政府对解决他们的问题却又无能为力。这是当前疑难矛盾纠纷难以有效解决的核心原因。国家从20世纪50年代开始走上前台全面塑造社会,到 20 世纪 80 年代以后开始走向后台,逐渐将责任转交给市场、社会和个人。这也是孙立平等所说的从"总体性社会"到"分化性社会"的转变。①

2014 年开始,上海市民政局与妇联合作,通过购买市社工协会服务、制定工作方案,设立项目督导派出专业社工,购买方希望社工以"第三方"力量介入的方式,引导特殊信访群体(特别是信访的积极分子)更加"理性"表达利益诉求,进而化解矛盾。② 社工协会派出两名专业社工接触各类信访群体,重点与信访积极分子逐步建立信任。经过一至三年的介入和干预,信访群体开始逐步减少集体信访,直到停止信访。尽管社工干预并不是矛盾化解的唯一原因③,但是这对了解信访群体内部权力结构、搭建政府与群体之间沟通协商的平台、推动矛盾化解以及把握重要节点时刻起到了关键的作用。

(一)拟制信任关系的建立

拟制信任关系,来源于法律上"拟制血亲"概念,后者是指在事实上形成的亲属关系。拟制信任关系在本书是指通过专业方式建立起的人际信任关系,如心理咨询师与案主,社工与服务对象等。由于传统社会关系的断裂以及信访工作回应能力不足,信访工作者很难获得上访者的信任。与传统的、纯粹说教式的强政府行动逻辑不同④,专业社工的工作方式更加主动、"柔软"和"灵活"易于被上访者接受,更加有利于问题的化解。专业社工的优势在于,一方面,社工的工作是在

---

① 孙立平、王汉生、王思斌等:《改革以来中国社会结构的变迁》,《中国社会科学》1994 年第 2 期,第 47-62 页。

② 吴同、陈蓓丽:《专业社会工作介入信访的运作机制以及发展困境——以上海市专业社工介入信访 C 项目的个案服务为例》,《华东师范大学学报(哲学社会科学版)》2015 年第 2 期,第 92-100 页、第 170-171 页。

③ 其他原因也包括政府在解决中资源的投入,行政部门与社工之间的合作等,尤其政府和信访群体对社工的信任也非常重要。

④ 林峰、刘能:《信访社工如何融入地方治理过程？——以 G 省 Z 市信访社工实践为例》,《社会发展研究》2017 年第 4 期,第 148-163 页、第 240 页。

一整套公平公正价值观指导下与人建立关系,运用同理心获得服务对象信任,并站在服务对象立场上维护其合法权益;另一方面,在社会工作本土化影响下,社会工作者的价值偏向趋于中立,从社会和谐出发与政府合作,共同化解社会问题。如被访问的信访社区业主代表叶先生告知:

> 社工的到来并没有被我们业主排斥,反而被看作政府重视我们的问题。社工基于同理心站在我们的立场与我们进行积极沟通,并且经常带来民政部门的反馈信息,得到我们更多的信任。①

信任关系是社工作为专业力量介入的前提条件,信任关系的建立为社工进入提供了社会合法性,也意味着服务对象对社工行为与角色规范之间出现因果连带形成了可靠性预期,同时也释放出愿意积极沟通和化解矛盾的意愿。

(二)进入并评估群体内部的具体情况

例如,在介入社区业主维权的信访案件中,社工通过第三方的身份接触信访群体,摸清群体基本情况,有效掌握了群体成员性别、年龄、政治身份、联系方式等信息。不同于信访办工作人员的直接介入,这种专业社工的参与有助于提高行政效率,并可以为有关部门的科学决策化解矛盾纠纷提供不同的建议。不过,群体上访与个体性上访最大的不同之处在于,前者一旦形成就会有内部的组织化、分工协作,一方面他们利益一旦被捆绑起来很难得到拆分,另一方面群体会裹挟少数或者相对弱势群体的利益。M区民政局负责项目合作的王女士坦言:

> 社工经常参加他们定期的碰头会,与他们建立了友善关系之后,业主们每次进行集访都会先告诉社工……因为他们也看到社工作为第三方能连接政府,他们也希望政府能够关注他们……这

---

① 访谈叶先生,上海市 M 区,2018 年 7 月。

样也就给我们提供了机会可以了解他们内部实际的运作,我们发现对于动迁补偿这个问题,业主群体内存在不同声音,但是我们民政部门并不清楚这些情况。同时我们也发现,业主内部也不太民主,很小一部分人在为全体发声,我们希望通过社工参与让业主们都能表达自己的想法和意见。[①]

实际上,该群体的核心组织者因他们更加熟悉政策且与信访部门有过打交道的经验和策略成为主要代表。随着信访队伍的日益庞大,发起人王某对这个 200 余人的队伍进行再组织化,并以小区楼栋为单位,每个楼栋挑选一个联络人作为代表,同时不定期举行联络员会议,分析形势和策略。值得注意的是,信访行动最初的 10 个发起人在群体内享有绝对的权威,群体的大多数成员都认为“没有他们的组织,就没有这个信访活动”。

在介入社区业主维权信访的过程中,社工通过第三方的身份接触信访群体,了解群体信访起源、过程经历等,有效梳理出信访群体的发展脉络,对实质问题的应对起到很好的参考效应。在诉求导向的信访行为中,问题的解决总是建立在诉求目标清晰、政策依据充分、现实操作可能的基础之上。在群体性信访问题中,信访成员因为共同的利益目标而联合在一起,但对于问题的认知和解决预期并不一致。明确的诉求对于信访群体与政府部门的沟通以及问题的化解都有积极的作用。

业主认为其因动迁而要求得到更多补偿有政策依据。在介入社区业主维权信访的过程中,社工通过第三方的身份接触该信访群体,帮助群体成员形成明确的、更为合理的诉求目标。也清晰认知到,化解信访矛盾的关键在于将重点放在重点群体、重点事项、重点人员上。群体的主要成员和积极分子往往会引导群体信访的走向。社工通过第三方的身份接触信访群体,接触访谈相关成员,逐渐清晰群体的基

---

① 访谈王女士,上海市 M 区,2018 年 7 月。

本结构,并重点针对骨干积极分子开展心理疏导和个案工作。

同时社工也看到群体内存在相当多家庭较为困难的人员,他们希望能够尽快获得一定补偿,缓解家庭的困难。这部分人员的声音被遮蔽,他们被裹挟进了核心成员与政府的"零和博弈"。这部分人群的需要也成为之后社工在关键节点打开矛盾化解突破口的关键。

(三)有效协商:构建群体与政府沟通理性平台

信访矛盾有很大一部分是双方沟通不畅导致的。社工作为第三方,有助于增进信访双方彼此信任,成为沟通的"中间人"。一方面,社工介入个案后,积极引导信访群体反思其信访行为,并愿意在内部会议及约访之前咨询社工意见,形成了政府—社工—信访者三者之间良好的互动关系。通过社工的专业建议,群体成员对信访流程、政府工作原则的理解更加全面,减少了他们负面情绪的表达,并开始以积极协商的口吻表达自身诉求。另一方面,通过对于信访群体诉求的明晰,政府部门对于信访群体本身的理解度提高,提高了矛盾纠纷化解的行政效率,使信访流程更为顺畅,政府有关部门能及时掌握和应对群体的动态。

在信任关系建立的基础上,核心组织者愿意与社工一起商讨化解策略、分析利弊,认可了社工对该事件的介入态度。信访群体在每次约访前也都提前告知社工,并由社工陪同前往。如此积极促进了政府与社工、政府与访民之间建立互信和合作的关系。当然,社工介入信访工作的每个阶段的挑战都不一样,而且难度也阶段性地逐渐加大,并呈现波浪式前进的趋势。社工在初期干预阶段,介入效果非常明显,通过个案社会工作和小组社会工作的方式,信访群体对于社工的第三方角色和建议都予以理解和接纳,并迅速改变了其原有的信访模式,采用对话的方式,与政府信访人员开展了定期的约访和电话沟通。到了巩固阶段,信访群体开始对自身的信访方式产生怀疑,认为代表们理性的定期约访方式并没有引起政府部门的重视,而是一而再地敷衍和忽悠。社工又对信访群体开展了小组工作,信访群体通过自我表露的方式发泄了自身的情绪。最后,社工还需要处理好突发事件引起的情绪波动,尤其要稳定信访群体的整体情绪。通过社工的长期努力实现了信访群体严格按照规定表达诉求的目标。同时,他们保持表达情绪相对稳定,上访频次由原先的每月 3—5 次降低到 1—2 次,促使问题以理性的方式解决。

(四)多层次、分类疏解矛盾

首先,运用社会工作个案工作方法,采用个别化的工作方式,一对一进行交流沟通。社工通过深入了解案主内心深层次的问题,了解不同案主的独特困难,针对性地帮助案主解决所遇到的难处。工作中,社工发现信访群体内部本身有着不同的诉求需要,社工有针对性地帮助主要群体成员探索问题的成因,帮助其认识、挖掘未被开发的潜能,不仅帮助案主有效认知、调适心理状态,更重要的是帮助案主转移目标对象,增强自助能力,避免无意识性情绪宣泄。社工分别与激进派、中间派、保守派的代表人物进行个案工作,高度尊重其独特个性并接纳性地吸收和引导他们的不良情绪,令他们的怨气得以疏散和化解。

例如,社工 A 了解到茅某长期独居,长期以来家庭网络和社会资本相对薄弱。加之在群体内的话语权并没有得到相应的重视,产生了明显的焦躁情绪和带有攻击性的言语表达。社工发现以后,以倾听者的身份帮助其充分释放压抑许久的表达欲望,在尊重其观点的同时利用强烈的表达欲望鼓励其进行书写。通过一次次写材料,促使其积极反思、循序渐进,分阶段分目标地改变其认知结构。大约半年后,案主本身情绪得到很好的缓解,同时语言也日趋冷静客观。此后,社工定期保持联络沟通,长期观察并及时干预。

其次,运用社会工作小组工作方法,通过成员间的互动,获得集体性的认知经验。社工牢牢抓住群体内部会议,以第三方的身份对社区业主维权信访群体的问题及其诉求进行了分析,并通过问题设置引导群体成员积极思考和讨论,始终坚持理性地看待问题和解决问题,避免事态激化。在群体中,成员间不同经历不同性质不同诉求并存,纷繁复杂,有时候大家谈论的同一个概念同一个政策文件都会有不同的理解。在整个过程中,社工一方面不断提高自身的认知水平,坚持以点带面,积极引导成员对自身问题有一个正确的认知和适当期望;另一方面通过电话沟通、资料查询、参与约谈等多种灵活方式,解答部分成员的困惑,同时依据案主自身情况给予参考性建议。比如当社工E了解到陈某和蔡某等相当复杂的个人经历后,将他们从原来的群体中剥离,降低群体本身的复杂性。

最后,运用社会工作社区工作方法,组织成员有计划地参与集体行动,解决社区问题,满足社区需要。信访群体通常有着共同的利益诉求,社区工作以社区及其整体成员为对象的社会工作介入手法,通过社工对个案进行探索性挖掘,有助于探索更深层次的矛盾纠纷化解服务,更推动了政府与社会组织之间的积极合作。

通过对社区业主群体的信访矛盾的研究发现,矛盾的根源是历史遗留问题,产生的原因特殊复杂,但是其发展、扩大并形成一定的规模有着强烈的代表性,是当前各类社会矛盾集中体现的典型。

由于缺乏中间组织以及矛盾缓冲带,基层政府在解决纠纷、矛盾以及维护稳定的问题上陷入困境,这反映了两个方面特点:一是社会关系纽带的断裂,基层矛盾一旦发生就容易激化和放大,进而使其难以调和;二是国家治理机制的刚性,只能用合法或不合法的标准被动应对,缺少对人的理解和关怀。结合上海市妇联购买专业社工介入社区业主群体信访矛盾的经验,可以看到专业第三方力量在介入以利益为导向群体性矛盾中的有效性,对信访体制形成了重要的补充,并且发挥着越来越重要的作用。

从表5.1可以看到,专业社工作为中立第三方,采用主动介入的方法,运用情感抚慰、资源链接、社会支持、个别化的应对、多元治理手段来化解社会矛盾,与其他信访化解力量相比更加具有灵活性和社会合法性,更加容易获得上访者的信任,进而促进矛盾的解决。

表 5.1　专业社工与其他信访化解力量的比较

信访化解力量	合法性来源	介入方式	化解方式
人民调解员	基层权威	被动介入	法律法规、说理
行政调解	行政权威	被动介入	法律法规、政策
司法调解	司法权威	被动介入	法律法规
专业社工	中立第三方	主动介入	专业方式、职业化;情感抚慰、资源了解、社会支持;个别化应对;多元治理手段

　　通过对上海市社区业主信访化解经验中妇联与社工机构合作让社工介入纠纷化解的案例进行研究分析,本书认为这种“柔性”力量的实践具有以下特点:一是“柔性治理”是基于中国社会特有的(或显著的)情感、关系等文化价值特征而展开的社会治理本土建构实践;二是这种实践包含了一套卓有成效的专业化、系统化化解方式和技术以及一批具备实践经验的职业化队伍,还包括一套具有稳定形态的治理架构和治理资源。同时,我们也可以看到柔性治理是对以往基层治理中“关系治理”“情感治理”“专业治理”“规则治理”的混合、提升和发展。专业社工作为第三方,选择各种弹性的方式和可运用的资源影响和改变上访者(行动者),在这个过程中,国家从前台走到幕后,通过提供公共产品的方式,使社会组织嵌入信访体制,提升其活力与生命力。

　　因此,将专业的社会力量引入矛盾解决,成为矛盾争议化解的有效补充。柔性治理更有效地整合了制度化(法律)、行政化(政府)以及非制度化(社会组织)三条路径来缓和及控制上访行动,同时建立起社会组织与国家之间的合作关系,在这个过程中,国家也对社会组织产生了一定的依赖和需求,进而促进了协商民主主义的形成与发展。地方政府采用柔性治理的治理方式来化解长期疑难的矛盾纠纷信访案件,有助于增强政权的调适能力,缓解棘手的社会矛盾和争议。

　　从个体婚姻纠纷调解的案例可以看到,妇联与民政合作介入社会纠纷化解的方式体现了地方政府为了实现维稳和有效社会治理鼓励各种社会力量参与预防和化解纠纷,特别包括调解律师和信访社工等专业人士。这种社会力量作为第三方参与纠纷化解有助于实现更独立和更赋予弱势群体和当事人被尊重、感受到爱和认同的效果。彼此认可是实现认同和促进纠纷缓和至关重要的前提。但是社工在协助信访群体理性实现诉求和完成与妇联签约任务的过程中,很大程度会面临职业伦理的问题,即如何平衡任务需要和保密需要。

　　毫无疑问,妇联以政府购买服务与社会组织合作的方式大大推动和鼓励社会组织参与矛盾纠纷化解和社会治理,同时给予他们一定的行政、部门资源,有助于他们更快速有效解决问题。而妇联在筛选可合作的社会组织伙伴过程中,未经合法登记注册、不符合规定或专业性较弱的社会组织都难以被选为合作伙伴。正因此,妇联承担了此前由地方政府开展的筛选工作,这就直接避免了一些草根社会组织因为无法得到政府支持和认可而与地方政府之间产生张力甚至对抗。妇联作为连接群众和政府的桥梁,可以有效起到缓和中介的作用。但是这种合作对未来的纠纷化解和国家社会关系会带来怎样的影响或可能的变化呢?

　　首先,政府的支持在给予社会组织发展机会的同时也大大限制了他们与其他合作伙伴开展项目的机会。当政府给予的资助经费远低于社会组织生存运作需要的时候,社会组织很难在本地谋得继续生存的资本,组织的发展、工作效率和人员的激情动力都会受到很大影响。其次,目前与妇联合作的社会组织的专业化程度还比较低。具有专业法律资格的调解律师、法官以及专业社工和心理咨询师,这类专家人才较多因太低的可见报酬或者不被认可(特别相比从事律师或专业心理咨询师)而排斥这类工作。最后,妇联作为中间组织参与协助民政落实政策、开展项目、孵化社会组织,虽然可以培育有效参与纠纷化解的社会组织,但是政府的过多干预往往导致社会组织的独立性进一步弱化,继而造成更多事情依然需要政府兜底的情况。长期来看,反而会增加地方治理在矛盾纠纷化解和社会治理中的成本和投入,也会增加基层政府的任务和维稳压力。

三、群团组织参与纠纷化解的机制及其意义

通过对长三角地区以妇联为代表的群团组织参与个体和群体纠纷化解的案例分析,可见群团组织已经成为我国多元化纠纷化解机制的重要组成部分,特别是以"柔性治理"的情感关怀购买社会组织服务,可以有效应对疑难信访案件的化解。这给其他机制(如大调解、民间调解、仲裁或诉讼等)都难以令特殊群体满意和实现纠纷从根本上解决的情况提供了很重要的参考。

首先,群团组织通过孵化和与专业社会组织合作,比如律所或社工机构,可以实现地方政府对社会组织参与社会治理和解决民众切身问题的一种支持;其次,因群团组织与合作的社会组织之间已经建立起彼此信任和可以合作的认同基础,政府可以有效消除某些社会力量带来的挑战,特别是参与处理敏感的信访案件和接触敏感群体的时候。与外包机制相比,群团组织孵化出的社会组织可以更好地服务于党和国家管理社会组织的目的,因为地方政府是根据社会组织的具体需求来设计、规范和评估其发展的。

进入新时代之后,透过群团组织的作用,党和国家成功地对社会组织实施了潜移默化的、更强有力的管理,从而微妙地改变了当代中国的国家与社会关系。地方政府、群团组织与社会组织的三方互动被证实在化解社会矛盾纠纷过程中可以发挥相当特别的作用。从表面上看,这种三方互动可以为各方带来多方面的利益:首先,群团组织和社会组织的合作参与,有助于化解社会矛盾或防止现有纠纷升级,有助于缓解地方政府在维护社会稳定方面的压力。其次,妇联依托地方

政府为社会组织提供资源和支持,可以为社会组织减轻很大的经济压力并打破发展局限,解决其人员配置和资金筹集的难题,可以令其更好地服务社会。换句话说,在国家控制无处不在的背景下,与寻求政府的合作而不是争取外国资金可能是社会组织的明智选择,因为这可以避免不必要的麻烦同时更有利于自身的发展。最后,对于普通百姓而言,孵化出来的社会组织可以为其提供多一个援助和表达不满和倾诉的渠道,在法律之外多一个路径来解决其诉求,这比求助于信访特别是采取越级上访的方式试图得到高层领导重视的风险和成本低得多。

然而,仔细审视内生社会组织被孵化的过程,可以发现,这种制度安排同时创造了一个较为压抑的环境。第一,社会组织一旦接受遴选和被孵化,就必须遵守政府的指示和要求。因此,社会组织的自主权受到了相应的限制。一个典型的案例是,LY 调解站在与妇联开展合作后,必须按照妇联的要求,打造婚姻调解的品牌特色项目"半月谈家事",通过成功调解疑难纠纷,努力为区妇联赢得省级政府的奖励和赞誉。为协助妇联在 S 市法院提供婚姻调解服务,LY 律师调解站还需要派出调解员协助法院调解纠纷。第二,孵化的"溢出效应"不容忽视。在地方政府和群团组织的帮助下,孵化出来的社会组织在获得资源和服务社会群体的能力方面获得比同行更大的优势。这将不可避免地对其他社会组织造成更大压力,迫使它们改变规则,以满足地方政府的要求。除此之外,三方互动模式在提供社会服务和解决社会纠纷方面的有效性可能会刺激地方政府排斥社会组织参与特定领域的公共事务而更多引导和要求它们投入自己布置的任务,对其运作设置更多约束,从而进一步挤压其生存空间。

在当代中国国家与社会互动不断变化的背景下,国家与社会在"权变共生"(contingent symbiosis)的基础上共存,社会组织采用"谈判国家"(*negotiating the state*)[①]、嵌入激进行为(embedded activism)、"制度性嵌入"(institutional embeddedness)[②]等策略与国家进行互动。现有研究表明,中国国家与社会的互动主要表现为管控、协商和社会化[③],这导致了一种复杂互动的国家与社会关系模式,而不是对抗或不平衡的。福利型社会组织的发展及其与国家的合作关系,形成了民间社会发展的新动力。然而,2012 年起,对社会组织的管理明显加强,同时群团组织的功能和作用也受到极大重视,特别是在筛选、监督和培育符合社会治理需要的社会组织方面。因此,利用群团组织孵化社会组织,体现了国家更微妙、更默契地实现对社会组织更严格控制的意图。

在群团组织与社会组织合作的基础上,有三个重要的条件。第一,政治机会结构的萎缩而非扩张阻碍了各种自治团体的成长。社会组织如果没有得到政府项目的资金支持,或者组织内部没有建立党支部,都有可能因此变得"敏感"。这样的社会背景为群团组织孵化和与社会组织合作提供了基础和背景。第二,能连接政府和社会组织的中间组织必须高度拥护和支持党和国家,能够协调社会组织和地方政府之间的关系和事务。这一点在 2015 年《中共中央关于加强和改进党的群团工作的意见》中体现出来,文件规定群团组织改革的核心目标,就是要重新表达对党的政治忠诚,重建与群众的联系和对群众忠诚。本书认为,新时代国家与社会关系的变化和三方互动模式的发展,主要由两个因素推动:一是中国共产党愿意用创新的方法对社会组织进行规范和管理,二是政府有意避免与社会组织面对面对抗。这证明,

---

① Tony Saich,"Negotiating the state:The development of social organizations in China." *The China Quarterly* 161(2020),pp. 124-141.

② Yuen Samson,"Negotiating service activism in China:The impact of NGOs' institutional embeddedness in the local state," *Journal of Contemporary China* 27:111(2018),pp. 406-422.

③ Shawn Shieh,"Beyond corporatism and civil society:Three modes of state-NGO interaction in China," in Jonathan Schwartz and Shawn Shieh, *State and Society Responses to Social Welfare Needs in China*(London:Routledg,2009),pp. 22-42.

群团组织选择社会组织合作,共同致力于帮助纾解社会不满、化解社会矛盾纠纷、缓解信访等集体行动,是完全符合国家宗旨的,也是符合时代发展需要的。第三,孵化社会组织的模式更适应当前的政治环境。创新社会治理、加强基层建设,是维护社会稳定之外基层政府的重要政治任务之一。让值得信赖的社会组织与群团组织合作,不仅可以完成上级要求的社会治理创新的任务,而且可以实现维护社会稳定、防止纠纷升级。

综上所述,群团组织与社会组织的合作在当前主要体现为通过孵化和购买其服务的方式开展。群团组织、行政部门和社会组织之间的互动合作,实际上在资源、主导地位和控制权方面存在诸多不对等的地方,特别表现为社会组织必须为群团组织和行政部门服务,满足和完成其政治治理的需要。因此,三方互动和这种合作的核心是向社会组织施加更多压力,尤其对鼓励和引导其参与纠纷化解的实践表明,社会组织被寄希望于实现减少社会冲突和使改革朝着有助于党和政府维持和巩固权力的方向发展。[1]

四、本章小结

本章主要通过对群团组织参与社会矛盾纠纷化解具体案例的展示,特别以妇联为代表介入个体纠纷化解和群体纠纷化解的实践,揭示群团组织与社会组织合作的特点和优势。本章提出注重情感和心理疏导的"柔性治理"的方式有助于实现对疑难信访矛盾纠纷的处置和解决。社会组织得以通过柔性治理化解纠纷的前提就是其价值和特色可以被妇联所欣赏以及采纳,并且透过妇联所掌握的政治资源和

---

[1]　Chloé Froissart, "The rise of social movements among migrant workers: Uncertain strivings for autonomy." *China Perspectives* 61:5 (2005), pp. 30-40.

支持,实现社会组织以其专业化和职业化有效参与社会治理的目标。与外包的方式相比,被孵化的社会组织可以更有效地实现群团组织和地方政府完成政治任务和维护社会稳定的目标,同时也可以降低社会组织可能带来的对政治的挑战和风险。

第六章　群团组织参与
社会治理存在的现状和问题

一、当前群团组织参与社会治理的现状问题

让群团回归社会服务,这是《中共中央关于加强和改进党的群团工作的意见》及上海市群团改革试点的重要方面。"以群众为中心""让群众当主角""赢得群众"是群团改革的出发点,也是归宿。① 中央对群团组织的改革要求正是基于其存在的突出问题提出的,除普遍认为的"机关化、行政化、贵族化、娱乐化"外,本书基于对我国长三角地区的实证研究发现,工青妇尤其是以妇联为典型代表②的群团组织参与社会治理存在以下几方面的问题。

首先,由于可支配资金和人员素质能力的限制,群团组织难以有效发挥自身应有的作用,服务能力明显不足,存在大幅提升的空间和潜力。妇联购买社会组织服务是当前妇联参与社会治理的重要方式,但妇联的资金来源受制于政府拨款。总体来看,妇联可以给予社会组

---

① 王向民,《重塑群团,国家社会组织治理体系与治理能力现代化的制度定型》,《工会理论研究(上海工会管理职业学院学报)》2015 年第 6 期,第 9-12 页、第 34 页。

② 本书之所以以妇联为核心重点研究对象,是因为相比工会和共青团,妇联更直接参与社会矛盾纠纷化解,作为多元解纷力量之一,特别注重通过柔性模式实现对疑难问题的解决。

织的财政支持依然非常有限,但要求社会组织完成的任务却相当繁重。比如在浙江省 H 市 G 镇,每年市财政拨付群团工作经费 2 万元,用于群团组织专项开支,但是全镇有工会组织 5 个、团组织 14 个、妇联组织 12 个,财政下拨的经费无法保障每个组织都能有效地开展工作。此外,行政村一级的群团组织干部虽有头衔,但却没有工资,其中村级妇联主席一般是兼任村委,一年有几千元的工资,但其他村级群团干部没有收入,这在很大程度上降低了基层群团干部服务群众的积极性。因此,资金不足一方面加重了妇联自身充分发挥引导和支持社会组织参与社会治理的能力和效果,另一方面也导致诸多妇联工作人员与合作对象之间难以有效对接工作和开展治理服务。

在人员素质能力方面,随着工作范围的拓展,妇联在信息化、服务供给、妇女维权等方面越来越需要专业知识和技能,虽然机关专职干部都在适应时代需求不断提升自身的工作能力,但整体而言,在具体业务上仍然存在专业知识不足的问题。另外为响应政策需求,妇联与社工机构合作对社区家庭的问题开展危机干预、家庭教育、家庭文明建设、妇女儿童维权等综合服务,在现有经费难以提高必要保障和专业人员收入报酬的情况下,社工和妇联工作人员都倍感压力、疲惫不堪,甚至影响士气和工作激情,造成社会服务质量下降的结果。尽管妇联也引进了挂职干部来协助相关工作,但是挂职干部更多把妇联工作当作政治任务对待,对妇联的工作本质、要求了解不够,对自己享有的权利和应承担的责任也不清楚,导致挂职干部难以准确定位,也无力为提升妇联参与社会治理贡献力量。

其次,法治发展的不完善影响妇联有效维权和实现纠纷化解。由于我国的社会组织发展比较晚,相应的法律法规还不够完善,在参与社会治理的过程中,群团组织不可能脱离我国行政体制发挥作用,这一性质没有改变。而且基层党组织和政府过分强调群团组织的政治职能,这也使群团组织缺乏群众服务的积极性,导致群团组织在转变职能和发挥作用时必须在当前的政治经济体制框架下来谋划发展。

例如,在上海市妇联一位挂职的律师,因为对妇联维权的方式和限度不清楚,所以为妇联维权的"最后一公里"问题烦恼不已,无法直接有效迅速实现纠纷化解。于是提出妇联能有执法权的建议,但实际上妇联作为群团组织是不可能拥有执法权的。还有位挂职干部以为到妇联可以作出一番创造性的事业,来了之后却发现政策约束的条条框框太多,于是逐渐产生了消极情绪。

再次,行政体制的局限导致群团改革的整体配套措施存在不足。尽管上海市妇联改革的总体目标在于去机关化、去行政化、去贵族化、去娱乐化,但妇联并不是超脱于现有体制的孤立机构。事实上,长期以来,妇联已经成为整个体制的组成部分,受到整个体制结构的限制和约束。如果各级党委和政府依然直接用管理党组织和政府部门的方法来管理妇联组织,妇联自身难以发生根本性的改变,由此可能会导致改革的内卷化。上海市群团改革尽管强调要尊重群团工作的特点和规律,改变管理群团组织的方法,但由于缺少细化的配套和跟进措施,从目前来看对妇联组织的机关化、行政化的管理模式并没有发生明显的改变。例如,改革要求妇联自下而上,关注妇女群众,但是从上而下对妇联的考评机制没有发生根本改变。年底的考评指标只是在原来的基础上做了一个叠加,添加了对其群众性的评估,其他的没有变化。从与党和政府的关系来看,妇联要申报一些项目,依然需要经过层层审批,根据有关部门的要求进行报表或配合工作。从市、区层面的体制性创新看,像社会治理的联席会、区域化党建的联席会,都还没有把妇联摆进去。在这些外部因素的制约下,妇联的内部运作只能按原来的方式,妇联也只能用这种机制考评干部,从而制约干部的思维方式转变。所以妇联专职干部也认为,改革以来感受到的变化并不明显。

最后,通过"柔性治理",以同情和善意的援助以及注重情感关怀来间接满足上访者。即使不能直接实现他们的利益诉求,信访社工参与纠纷解决也代表了地方政府为缓解社会不满和维护社会稳定作出努力。社会工作机构也需要与当地政府合作证明他们的法律地位并继续发展,如从国家获得财政支持。信访社工因与地方政府的合作而获得补偿,同时他们在处理纠纷时可以更方便地收集相关信息和了解掌握信访者过去的信访经历和个人情况,从而方便他们与信访者取得联系、增进对他们的了解。毫无疑问,妇联与社工机构的合作可以增加社工机构获得行政资源的机会,协助社工与访民之间建立互信①,但是在本质上,信访社工既是一种解决冲突的策略,也是一种提高合法性的策略:它有助于让信访者停止请愿,缓解他们与地方政府的对抗情绪。其中部分信访者有不合理的诉求,甚至为了达到其诉求成为职业信访者②,采用柔性治理确实可以有效舒缓访民怨气,改变他们对地方政府的态度,减少他们的上访次数甚至乐意接受赔偿或补偿而停止上访。然而,在妇联以购买社工服务介入信访纠纷化解的过程中也存在诸多问题,尤其是社工面临双重身份的困境和伦理道德的问题。双重身份主要体现在外包项目中,社工既是社会工作者(帮助信访者解决问题)又是政府雇员(履行争议纠纷化解的行政任务)。③这种身份造成的两难困境不仅是阻碍他们获得访民认可的一大原因,同时也损害了他们作为职业社工的声誉和诚信。如参与纠纷化解的社工 A 先生所言:

> 我们的伦理困境主要在于我们帮助信访者解决问题的目标与完成政治任务之间的矛盾。我们在接触信访者之初都会清楚告诉他们会对他们的个人信息保密以及保护他们的隐私。但是如果我们发现他们有要去北京越级上访的迹象,就必须向当地政府报告他们的行动计划。但我不认为我们信访社工因此就是邪

---

① Jennifer Hsu and Reza Hasmath, "The local corporatist state and NGO relations in China," *Journal of Contemporary China* 23:87 (2014), pp. 516-534.

② 陈柏峰:《无理上访与基层法治》,《中外法学》,2011 年第 2 期,第 227-247 页。

③ Leon R. Kass, "Practicing ethics: Where's the action?" *The Hastings Center Report* 20:1 (1990), pp. 5-12.

恶的,因为我们一直在努力作出理性选择来实现双方想达到的目标。①

可见,信访社工所能提供的是对信访者的同理心和尊重,特别是社工对其诉求表现出高度同情安慰和耐心回应,加上试图帮助他们获得更多补贴,更易让信访者从内心认可接纳社工,从而缓和其与地方政府长期以来形成的紧张关系,有效化解矛盾纠纷。但事实上,社工所秉持的关怀同情信访者和完成政治任务目标之间是很难实现平衡的。特别由于政府对社会组织具有政治和财政的控制力,以及社会组织自身发展也需要支持。特别当社会组织缺乏独立的外部资金来源而需要依靠政府资源时,社工的职业道德就必须让位于组织的合法性需求和社会稳定。正如案例所显示的,信访社工作为信访者和政府之间的"第三方"的角色是通过他们相对独立的身份和他们对个人、家庭和团体的专业案例工作来凸显的。

在中国,越来越受关注的社会工作者不得不在他们的工具追求和理性价值之间谋得生存和发展,这就面临如何在寻求地方政府的支持和资源以及帮助上访群众解决问题、提高其生活质量间的平衡。但是哪个是更为重要的,或者说更被社工重视和追求的呢?随着国家对社会组织的控制不断加强,信访社工对政府资源的高度依赖,从长远来看,这种做法是否真的可以有效控制社会组织,以及是否可能阻碍法治的发展都是值得商榷的问题。特别要有效化解矛盾纠纷和减少访民的对抗行动,更重要的是呼唤真正的司法改革,逐步转变政治体制权力结构向一个更为法治化的方向发展。另外,从妇联购买社工机构服务参与纠纷化解的案例可以看到,化解矛盾过程中使用的"柔性治理"策略展示了在处理具有争议的特殊群体矛盾纠纷时,灵活和柔性的手段比刚性法律的方式更有效,也更能基于信访者内心的认同而避

---

① 访谈社工 A 先生,上海,2019 年 7 月 24 日。

免矛盾的再次爆发。从这个意义上说,柔性治理和妇联介入纠纷化解有利于地方政府和访民满足自己的利益最大化和实现自己的目标。然而,这种以情感安抚为主导的纠纷化解模式能持续多久以及在对不同群体怨气疏导、冲突缓和方面发挥多大的作用,仍然有待观察。因为即使那些因为历史问题造成利益受损的信访者最终接受了对他们实际上存在不公平的经济补偿,也不能保证他们的子女和后代满足这种解决方案,不会继续采取上访行动。这就需要探索新的纠纷化解机制来应对和处理历史遗留问题。不可否认,妇联通过与社工机构合作,以情感疏导和心理安抚在缓解和化解疑难矛盾纠纷方面是有一定效果的,上海的经验也值得其他城市参考。事实上,2012 年以来,杭州、温州、南京、苏州、盐城、合肥、滁州以及华南、华北各大城市都陆续引用妇联与社工机构合作开展信访纠纷化解的工作,不断发挥妇联多元化信访维权服务的优势,引导妇女依法维权、有效维权和化解涉诉涉法矛盾纠纷。

二、依法治国与柔性治理的辩证统一

国家—社会关系是理解中国社会基层治理的重要分析框架,要实现我国基层特别是城市的"有效治理",不仅需要从国家制度化建构和治理手段提升两方面进行部署,也需要将基层治理置于国家—社会关系中考察。过去更注重依靠法律、政策刚性手段开展治理,忽视了社会力量在参与社会服务和承担政府任务中的重要作用,这会导致国家和社会难以达成良好的调试关系,呈现此消彼长、力量互斥的现象,割裂了两者的合意。特别当国家通过政策、资源、制度对社会进行整合时,容易陷入社会自治空间萎缩、治理主体失语和非正式制度弱化等困境。①

党的十八大以来,中央对全面依法治国作出一系列重大决策,提出一系列全面依法治国的新理念新思想新战略,强调要坚持加强党对依法治国的领导,明确了全面依法治国的指导思想、发展道路、工作布局、重点任务。这些新理念新思想新战略,是全面依法治国的根本遵循,必须长期坚持、不断丰富发展。习近平总书记在中央全面依法治国委员会第一次会议上进一步强调:要健全党领导全面依法治国的制度和工作机制,推进党的领导制度化、法治化,通过法治保障党的路线方针政策有效实施。② 另外,党的十八届四中全会通过的《中共中央关于全面推进依法治国若干重大问题的决定》,不仅在宏观层面上提出了"增强全民法治观念,推进法治社会建设"的建设目标,还在具体层面上强调了"健全社会矛盾纠纷预防化解机制"和"建设完备的法律服务体系"两项建设任务,并对这两项任务作出了具体要求和明确部署。毫无疑问,纠纷解决和法律服务已成为基层法治社会建设的主要事务之一。基层纠纷解决与法律服务事务的重心将在于应对当前的社会形势变化,着力解决社会阶层利益诉求分化对社会秩序的冲击,化解转型期出现的一系列社会矛盾和纠纷,从而推动社会治理的法治化转型。③

依法治国是我国社会主义社会发展的必要要求,然而法治的方式要与具体的国情和社会现实相结合、相适应、相调整。面对社会转型期纷繁复杂的社会问题以及新时代我国社会面对的各类风险和公共突发事件,如果一直以一种刚性逻辑进行治理,虽然可以实现社会治理的精细化和精准化,但可能导致社会治理无法摆脱行政化及指标化

---

① 吕德文:《基层中国:国家治理的基石》,东方出版社 2021 年版;孙强强、李华胤:《乡村弹性化治理:一个概念性框架及其三重维度——基于"国家—社会"关系历史演进的考量》,《南京农业大学学报(社会科学版)》2021 年第 1 期,第 42-51 页。

② 习近平:《习近平谈治国理政(第四卷)》,外文出版社 2022 年版,第 288 页。

③ 陈柏峰:《基层治理在法治社会建设中的格局与布局》,《法治现代化研究》2020 年第 6 期,第 26-40 页。

的治理目标特性,造成资源分散和难以实现有效治理。① 刚性的治理
方式可以应对一些常态化的问题,但是难以有效解决突发的、新出现
的以及历史遗留问题,这就需要更为灵活和柔性的治理方式,可以随
机应对不同的情况和复杂的问题,提高政府治理水平和纠纷化解的能
力。针对刚性治理存在的问题,也有学者提出"韧性治理"的模式,主
要是指政府面对风险和长期压力时所反映出的吸收干扰、适应变化、
自我组织和不断学习的能力,国家与社会在面对各自和共同责任时反
映出的强力社会合作。② 韧性治理主要突出的是政府预见、准备和适
应变化条件的能力以及承受、应对和迅速从断裂中恢复的能力,但并
非强调治理手段和具体方式的灵活多元。本书提出的柔性治理与韧
性治理是存在本质区别的,有其自身的特色和独特的优势,主要表现
在以下三点。

第一,柔性治理是强调以情感关怀、考虑对方情绪、心理疏导为主
的纠纷化解手段,是一种刚性之外的柔性解决问题的方式。通过充分
发挥群团组织与社会组织的合作互动,有效解决群众的问题,群众的
情绪得到安慰,地方政府得到民众的认可、拥护和支持,如此可以有效
加强政府公信力和增强公民的政治认同。依靠强制力虽然也可能获
得暂时的服从和秩序,但很难获得持久的民意支持。柔性治理在巩固
制度性权力认可的基础上,充分发挥非制度性权力影响力的作用,建
立起以道德认同和服从为基础的柔性权威,让民众更加发自内心地相
信、拥戴和遵从政治秩序,从而建立牢靠而稳固的政府权威。③

第二,柔性治理可以充分发挥社会组织在化解矛盾纠纷中的作
用。一方面,可以增强社会凝聚力,团结各方力量解决社会问题;另一

①　王磊、王青芸:《韧性治理:后疫情时代重大公共卫生事件的常态化治理路径》,《河海大学学报(哲学社会科学版)》2020年第6期,第75-82页、第111-112页。

②　王磊、王青芸:《韧性治理:后疫情时代重大公共卫生事件的常态化治理路径》,《河海大学学报(哲学社会科学版)》2020年第6期,第75-82页、第111-112页。

③　谭英俊:《柔性治理:21世纪政府治道变革的逻辑选择与发展趋向》,《理论探讨》2014年第3期,第150-153页。

方面,对弱势群体特别是访民注重其心理和情感方面的情况并进行疏导有助于从内心缓解怨气,协助其回归理性、减少对抗。这对增强社会共识,塑造社会主义核心价值观、构建社会共同体至关重要。在现代社会的城市地区,人们处于工作、生活的高压下,加上互联网特别是自媒体对舆情的影响,单一传统的治理模式已经不符合时代要求,面临巨大挑战。城市居民中不少因为网络舆情的负面报道而对政府带有负面甚至仇恨的情绪,存在一定的偏见、对立和隔阂。在这样的情况下,更需要通过第三方专业人士对其在认知和心理调适上开展工作,在给予其尊重和信任的基础上,引导访民合理表达诉求,遵守规范,增进对政府的心理认同感。要实现这个的前提就是让他们感受到政府对他们的关怀和合法权益的保障。专业社工和相关的社会组织可以提供这方面的服务以满足社会需求,通过法治外的方式化解矛盾纠纷。

第三,从国家—社会互动关系看,柔性治理的产生和应用更体现了国家对社会多元的鼓励和倡导,同时更注重群团组织发挥其应有的功能和作用,鼓励社会组织合作参与社会治理。非诉讼的方式实际上并不排斥诉讼的方式,而是与其并存来解决问题,在刚性之外提供了更灵活的选择。非制度化的纠纷化解机制可以弥补传统纠纷化解机制如调解、仲裁等缺乏关注精神层面的缺点,更有助于促进社会与国家的交流和互动,有助于增强政权的调适能力,缓解棘手的社会矛盾和争议。

不可否认的是,在国家治理中,刚柔并济是实现有效治理的最佳选择,因为刚性和柔性结合可以最大限度地面对不同环境和情况,有效应对各类问题。如何将两者有机结合是新时代面对新的社会主要矛盾需要探索和思考的重要问题。首先,法律的权威依赖制度安排和人民从内心的拥护和信仰;而人情关系和伦理结构是中国传统社会的基础和文化①,因此,柔性治理根植于我国的乡土文化中,有其产生和发展的土壤。在我国社会治理体系的构建过程中,政府的"大法制"不断挤压"小民约",使根植于乡村文化土壤之上的内生乡村治理力量逐渐失去合法性,导致乡村民众对国家政府的治理法产生排斥感,从而导致政府治理效率不高。② 因此,将柔性治理与法治发展紧密结合的关键就是要在推进依法治国的同时,促进和鼓励多元灵活的治理方式的运用,并且确保刚柔两种方式的规范化和制度化。

在刚性的法律制定和执行层面上要避免选择性执法或弹性执法,从立法到执法都要形成权责清晰、有效监督的刚性管理体系。当前我国刚性治理的最大问题就是有法不依、执法不严,加上司法执法人员的素质有待提高,监督机制不完善,影响法律的公信力。同时,必须大力提高人民调解、信访和司法部门人员的综合素质,一方面提高其化解纠纷的能力和技巧,另一方面要更注重情感和话语艺术,避免激化矛盾。而在柔性的情感疏导和纠纷化解层面,要给予社会组织更多灵活发挥的空间和自由度,改善社会组织人员的激励机制。在当前群团组织与社会组织的合作过程中,最大的问题就是资助的力度不够,不足以选任专业化、高素质的工作人员参与治理,而组织纠纷化解和治理的能力与人员的素质和水平紧密相关。长三角地区作为经济较为发达的地区,整体激励机制和合作制度相对比较完善,但是依然存在不少有待改进的地方,特别是社会组织工作人员专业性的提高问题,比如选任更多律师、社工、心理咨询师等。如果缺乏制度化和财政的保障支撑,很难长期有效发挥柔性模式在基层治理中的作用。

总而言之,单纯的刚性法治具有极大的片面性,维系整个社会运行的并不仅仅是法律、制度、规章、技术及某些行政干预,还涉及价值、准则、传统、心理、观念等柔性要素。新时代社会主要矛盾化解和实现

---

① 费孝通:《乡土中国》,上海人民出版社 2006 年版,第 48—53 页。
② 游碧蓉、吴东阳:《刚性治理与柔性治理:农村合作金融的选择》,《福建农林大学学报(哲学社会科学版)》2018 年第 6 期,第 35—40 页。

有效治理,需要的是柔性治理和刚性管理的辩证统一。这种辩证统一治理的安排不仅要求形成一套制度化、法治化的治理体系,更重要的是考虑"人"的元素,将每个公民个体当作平等的人格主体对待,在遵守规章制度和内部法规的同时关注人的情感、心理和精神需求。将刚性手段和柔性模式有效结合,根据不同的情况和问题灵活应对,将更有助于实现社会矛盾纠纷的化解和社会怨气的排解,有效实现基层治理,增强民众对政府的认同。

三、国家、群团组织与社会组织的行动取向

在强调柔性治理的多元纠纷化解模式中,国家、群团组织与社会组织也是存在不同的理性选择的,尽管不同方面的目标和追求都存在差异,但核心目标是一致的,就是实现组织目标和利益最大化。从社会学的视角来解释人们的行动意义,主要在于它包含了行为意图、意识与目标。帕森斯对行动和社会性的定义是:我们将任何人的态度或活动称为行为,不管涉及的是外在的还是内在的动作,未能采取动作还是被动的默认,该行动者(们)把一种主观意义寄予其态度或活动。社会行动是按其对该行动者(们)的主观意义来说的,涉及他人的态度和行动,并在行动过程中以他人的态度和行动为取向。[①] 而韦伯把社会性的取向分为四种:第一种是目的理性下的行动,通过精确的算计,使用最有效的条件或手段,以期实现自己合乎理性所争取和考虑的作为成果的目的。这是出于功利主义或工具主义的行动方针,以带有逻辑、科学和经济为显著特征,普遍出现在官僚式的组织机构中。第二种是价值理性下的行动,即通过有意识地对一个特定的举止——伦理的、美学的、宗教的或作任何其他阐释的——无条件的纯粹信仰,是追求

---

① 　Talcott Parsons, *The Structure of Social Action*(New York：McGraw-Hill, 1937).

价值而不是算计的,不管是否取得成绩。第三种行动是情感式的,即由现时的情绪或情感状况引起的行动。第四种是传统式或威权主义式的,源于一些约定俗成的习惯或出于对权威的尊重而作出的行动。[①]

对于社会行动的分类只是作为社会科学研究者分析的工具,这四种理想型的行动取向在具体应用到分析解释社会具体情况和现象的时候,需要根据实际情况的背景和制度环境作出解释上的调整。例如,在分析群团组织与地方政府合作党建和购买社会组织服务的过程中,各自都是一种理性选择,试图达到自己的目标。作为地方政府如民政部门,为了完成纠纷化解、维护社会稳定和创新社会治理的目标,乐意给予群团组织和社会组织更多资源和支持,满足其合法合理的要求,鼓励其与自己形成合作关系。作为群团组织的工青妇,一方面为了完成上级布置的涉及工人、青年和妇女方面的相关工作,特别是处理劳资纠纷、信访纠纷和社区治理的任务;另一方面为了吸纳社会精英支持自己的组织发展,尤其是作为群众团体组织的草根精神需要深入基层,他们与社会组织的合作可以很大程度帮助完成自身组织的目标,客观上也有助于提升基层政府的治理水平和执政能力。因此,群团组织与地方政府之间的目标具有很大程度的交叉和共同点,也因此地方政府可以作为合作的主要指导方。而社会组织作为相对资源缺乏和弱势的一方,不仅需要建立起合法性和被地方政府认可,更重要的是需要通过各种可能的方式和途径获得更多资源来发展组织和实现组织的公益和服务目标。当他们的努力得到地方政府和群团组织认同的时候,三方之间就更容易形成较好的高效的合作互动。而当地方政府不认同其理念的时候,社会组织的负责人往往可能采取更为工具理性的方式,在争取合法性和资源获得上采取更多行动。

本研究的调研发现,江苏省 S 市的 AX 社会工作服务社主任何明

----

① Max Weber, *Economy and Society: An Outline of Interpretive Sociology* (Berkeley: University of California Press, 1978).

至少要与三个方面开展联系和交流,寻求支持,其行动混合了价值合理性与目的合理性。所谓价值合理性,是指他个人作为社工专业的教授和具有极强动力希望服务社会的积极分子,一直试图将自己的理念和社工助人自助的价值观融入社会工作,并且在创办机构的过程中为自己的学生提供更多社会实践和实习的机会。但起初得不到政府领导的认可和支持,他很难成立机构并且陷入财政困难。因此,他不断努力尝试与地方民政领导接触交流,获得对方对其想法计划的支持,为机构合法性建立打下基础。除了政府领导,他还要与更为直接的合作方——街道办和镇妇联——交流并且得到其资助和认可,因为镇妇联是社工机构服务的直接购买方。而最直接的对接工作就是试图得到中间人詹雯女士的理解和支持。何明通过在不同阶段定期汇报项目进展和机构的成果表现,令基层政府领导了解和欣赏 AX 的服务效果。而何明在具体的社工服务过程中,不乏将同理心、情感关怀和心理疏导的专业技能用于个案的服务和诉求解决。但在服务个案的同时,必须按照政策规定,通过签署服务协议完成政府安排的工作。因此,在地方政府、群团组织与社会组织合作的过程中可以看到社会组织的行动包含了韦伯划分的四种取向。

上海政府从 2008 年开始探索以妇联购买社会组织服务介入矛盾纠纷化解的实践也深刻反映出上海政府对新时代社会治理和社会稳定的重视。尤其通过政府购买专业社会组织服务的方式为群众解决难题和满足诉求,树立了以群众需求为导向的服务目标,是新时代"以人民为中心"发展理念的生动实践,也是一种将维稳与服务有机结合的方式。对我国地方政府和基层工作人员而言,维护社会稳定、化解基层矛盾纠纷是影响其职位晋升的重要因素。[1] 在"一票否决"[2]压力

---

[1] 曹海军、鲍操:《系统集成与部门协同:基层社会矛盾纠纷化解的流程再造与治理效能——以浙江省 A 县"矛调中心"为例》,《天津行政学院学报》2020 年第 6 期,23-31 页。

[2] 左才:《社会绩效、一票否决与官员晋升——来自中国城市的证据》,《公共管理与政策评论》2017 年第 3 期,第 23-35 页。

下,地方政府决策发生偏差、"花钱买平安"带来的高成本付出、服务维稳需要而忽视群众合理诉求都会给其政绩和考核带来巨大压力和负面影响。特别在改革开放的最初 30 年里,环境污染问题逐渐凸显,安全生产事故频繁发生,群体性突发事件的数量和规模均呈扩大趋势,信访量也在不断增加。为了尽快解决经济与社会发展不平衡的问题,节能减排指标、"死亡指标"和维稳指标等各种类型的"硬指标"应运而生,成了上级政府调控下级政府政策执行力度、缓和社会矛盾的重要工具。[①] 然而,法治社会建设最终要落实到基层治理场域,基层治理需要与上述变化和发展大体适应,正因此,社会治理需要不断创新。在新时代,信息治理、智能治理、技术治理的推进,大数据、移动互联、云计算和人工智能等现代科技不断被应用于基层治理环节,改变甚至重塑社会生活、社会组织的形态,提升社会治理智能化水平,促进社会治理与经济社会发展的深度融合。另外,不断创新的"自治、法治、德治相结合的治理体系"和多元化的纠纷化解机制也是在新的基层社会结构样态、经济社会发展状况、公共事务需求、民众民主素养的生态系统下,激活治理主体协同力、机制融合力,以更有效实现治理目标。因为只有经过这些创新措施和手段,法治建设的目标和任务才能在基层贯彻下去,落实到现实生活中。[②] 正如习近平总书记所言,"维权是维稳的基础,维稳的实质是维权。人心安定,社会才能稳定。对涉及维权的维稳问题,首先要把群众合理合法的利益诉求解决好。单纯维稳,不解决利益问题,那是本末倒置,最后也难以稳定下来"[③]。

---

① 陈硕:《"硬指标"的"软约束":干部考核"一票否决制"的生成与变异》,《四川大学学报(哲学社会科学版)》2020 年第 1 期,第 32—42 页。

② 陈柏峰:《基层治理在法治社会建设中的格局与布局》,《法治现代化研究》2020 年第 6 期,第 26—40 页。

③ 中共中央文献研究室编:《习近平关于社会主义社会建设论述摘编》,中央文献出版社 2017 年版,第 147 页。

四　本章小结

本章基于前文的案例分析,揭示了群团组织参与社会治理和纠纷化解存在的困境和问题,特别是在现有制度安排下以政府购买专业社会组织服务对社工、律师、心理咨询师等专业群体提出的政治和伦理目标的困境和挑战。地方政府、群团组织和社会组织的协调合作是实现新时代有效治理和基层创新的重要方面,通过研究发现不同机构都会根据其目标利益最大化进行理性选择。对处于资源和实力相对弱势的社会组织而言,其行动取向展现了工具合理性和价值合理性的统一。这种统一也是为平衡机构合法性建立和资源支持而作出的理性选择。在新时代,要实现依法治国与柔性治理的有机统一,关键就是要对刚性制度进行完善和减少行政干预,对柔性制度在价值、伦理、传统、观念等方面不断发展,实现刚柔并济的持续性的高效治理效果。

第七章　群团组织参与社会治理的完善路径

一、群团组织介入纠纷化解的社会功能和意义

我国最高人民法院在 2016 年《关于人民法院进一步深化多元化纠纷解决机制改革的意见》中明确要求各级人民法院完善与综治组织的对接，支持工会、妇联、共青团、法学会等组织参与纠纷解决。由此可见，多元纠纷处理需要依靠工会、共青团、妇联等群团组织。近年来，山东、福建、上海等各地陆续出台地方《多元化解纠纷促进条例》和《多元化解纠纷条例》，都确认了应当将社会治安综合治理部门、人民团体、基层群众性自治组织和其他社会组织也纳入多元纠纷化解，并合理确定管辖规则。多元化解纠纷期待形成政府主导、部门联席、社会协同、公众参与的工作机制，其核心为设立多元平台、采用多种措施、强化引领。其中，最为关键的是主体问题。① 工青妇作为群团组织的重要组成部分，过去在多元化纠纷化解机制中长期被忽略，未能有效发挥其在劳资纠纷、信访纠纷和公民权利保护方面的积极作用。

然而按照全面依法治国关于建设覆盖城乡、便捷高效和均等普惠的现代公共法律服务体系的工作要求，组织广大工青妇团体参与矛盾

---

①　刘鹏：《群团组织在多元化解纠纷工作中功能探索——以法学会功能为视角》，《法制博览》2018 年第 27 期，第 62-64 页。

纠纷化解，主动搭建与综治、司法、行政等部门对接的服务平台，积极支持和发展政治觉悟高、工作能力强、业务水平优、有社会责任感的法律人才参与社会矛盾纠纷化解，实践证明可以切实有效地为基层化解社会矛盾纠纷提供智力支持和人才保障，帮助进行及时、权威的法律咨询和政策解读，引导地方民众正确认识矛盾焦点和利益保护，及时将矛盾化解在萌芽和初始阶段。同时，群团组织相对地方政府而言，其与社会组织的紧密合作联系可以发挥中立第三方的作用，让基层群众享受更便捷、更优质和理性舒适的问题解决服务，同时分流和引导部分诉讼案件通过调解等方式解决，有效节约司法资源。

群团介入纠纷化解的特别重要的现实意义，就是对我国的多元化纠纷化解机制中民事纠纷化解起到很大的补充和完善作用。首先，当前的多元化纠纷化解机制存在各类调解方式的局限性。人民调解立足基层，其解决的纠纷范围也受到一定局限，基本限定在本村或本区域。而且人民调解对化解疑难的信访案件和群体性事件往往治标不治本，长期来看容易导致矛盾纠纷再次出现甚至激化。而妇联柔性治理的方式注重当事人的情感和精神，有助于从本质上疏解其负面情绪，加上切实解决其诉求和问题，可以从根源上化解矛盾。诉讼调解作为法治社会最重要的纠纷化解途径，在我国的司法实践中也存在诸多局限和可能难以受理、以压促调、久调不判等现象。特别针对一些历史遗留问题或复杂民事纠纷案件，"当事人签收"之后依然可以反悔，如此容易助长当事人在诉讼调解过程中的草率行为，影响调解质量和效率，也容易造成法院人力物力的浪费。行政调解在运作过程中，更多面临难以形成合力和缺少更刚性程序规范的问题，因此容易导致调解过程的随意性和难以有效维护弱势群体合法权利的问题。若处理不妥更易激发当事人怨气而加剧越级信访、违法信访等各类极端负面情绪和行为。

群团组织是社会治理的重要环节。从党的十八届三中全会提出加快形成科学有效的社会治理体制，到2015年第一次由党中央召开党的群团工作会议,到党的十九大提出打造共建共治共享的社会治理格局、党的十九届四中全会提出坚持和完善共建共治共享的社会治理制度、党的十九届五中全会提高社会建设水平,再到党的二十大强调"深化工会、共青团、妇联等群团组织改革和建设,有效发挥桥梁纽带作用",党对社会治理规律的认识不断深化,群团组织在新时代社会治理结构中的位置也越来越明确。新形势下,以工青妇为代表的群团组织更好服务于共建共治共享的社会治理制度,一大重心就是回归社会服务、增强组织动员能力。纠纷化解和社会稳定作为社会基层治理的重要内容,引入群团组织的参与在很大程度上可以实现其紧密联系群众、为群众排忧解难的初衷和组织目标。同时通过与社会组织合作,更有利于搭建资源整合的平台。而且群体组织在购买社会组织服务的过程中也可以带动社会组织的能力提升,贴近群众,为解决群众遇到的困难和实现群众诉求提供帮助。特别如长三角地区的妇联在纠纷化解之外,为社区居民提供养老、育儿、文化艺术、法律咨询、就业培训和环保公益等各类服务。这方面的提升其实也是呼应我国新时代的政策要求,即培育社会组织和创新社会组织管理体制,这是影响整个社会治理和发展的重要议题。

二、完善群团组织参与社会治理的具体对策

通过对当前群团组织参与社会治理和纠纷化解的实证研究发现,群团组织参与社会治理过程中存在的问题主要集中在三个方面,即资源有限、制度规范造成的约束以及现有行政体制造成的局限。尤其是在一些创新做法如"柔性治理"和"党建吸纳社会"具体开展的过程中,社会组织负责人和成员都可能陷入完成政府任务和秉持专业伦理之间难以兼顾的困境。针对这些问题,需要从体制机制、互动模式和重心调整三个层面从内部加以改革和完善。

　　首先,在制度安排上,要给群团组织提供社会化、服务型导向发展的环境和行政支持,持续推进群团组织去"四化"、强"三性"。因为所谓的社会治理其根本还是政府与社会组织使用多种资源和手段,对社会事务予以规范、协调以及服务的过程,其目的是满足各类社会群体生存和发展的需求,解决社会问题,提升社会生活的质量。① 治理理论试图把复杂多样的治理过程看成是实现有效治理的必由之路。政府与社会之间应该通过反复的互动,形成一种相互补充的关系,各自为得到某种合理的治理秩序发挥自身的作用。②因此,基于我国长三角群团组织的调研发现,在现有的制度环境和行政体制下,需要给工青妇组织适度"松绑",充分发挥其社会属性,强化其公益性、服务性职能,树立其在目标群体中的公信力,有利于发挥群团组织政治上的桥梁纽带作用、业务上的引领聚合作用以及日常管理服务上的平台作用。尤其在大为鼓励社会治理创新、激发各地政府参与治理"锦标赛"的过程中,地方政府都希望能够通过社会组织实现治理创新和绩效。比如在培育发展公共服务型社会组织政策创新活跃度高的深圳和上海,政府向社会组织购买公共服务的资金投入占比更大、政策细分程度更高。在政策推动下,一大批公共服务型社会组织涌现出来,成为地方政府开展社会治理的合作伙伴,也成为政府职能转移、社会力量参与的强有力的证据,标志着城市政治民主和社会文明的进步。因此,长三角地区的经验也可以给我国其他区域提供参考和借鉴,制度设计和政策鼓励是引导群团组织带动社会组织创新社会治理的基础。

　　其次,在构建地方政府—群团组织—社会组织的三方互动中,要更增强群团的协同联动能力,成为连接政府和社会组织的中间人,实现政府对社会组织的有效管理并充分激发社会组织参与社会治理的

---

　　①　何增科,《社会管理体制改革与和谐社会建设——中央编译局专家笔谈:"政府创新与和谐社会"专题之二》,《甘肃行政学院学报》2007第4期,第8-10页。

　　②　王晓杰:《社会协同治理生态中的共青团:回应、链接及自我革新》,2016年浙江大学博士学位论文,第10页。

动力。对长三角地区群团组织的分析得出,地方群团工作应立足实际,努力构建"群团+"的格局,利用群团组织所具有的政治优势和特性,拓宽多方建立协同共建机制,实现部门高效联动、密切配合,整合资源、互补共享,不断激发群团组织新活力,缓解工青妇组织"缺人、缺钱、缺地方"的问题。同时,在三方互动中,要解决的最大问题就是信息不对称。因此,工青妇应该将可掌握的政府信息和资源整合,将其与社会组织共享,推进社会组织的党建活动,加强孵化培育和能力提升。也可以借助法律、群众监督和相关政策对社会组织进行监管,协助政府掌握了解社会组织负责人的思想动态,实现有效沟通和交流。①尤其在新时代,群团组织也可以借数据进行"智慧"治理,特别在对接沟通社会组织和地方政府的业务汇报、成果展示和年度考评方面,实现更为便捷、高效和迅速的合作互动。群团组织应当成为政府管治社会的重要沟通渠道,在政府和社会之间发挥重要的"润滑剂"的作用。②

最后,实现"共建共治共享"格局的"多中心"治理,并以"共建"为重心,发挥群团组织的动员功能。党的十九大报告明确提出,我国需要打造共建共治共享的社会治理格局。加强社会治理制度建设,完善党委领导、政府负责、社会协同、公众参与、法治保障的社会治理体制,提高社会治理社会化、法治化、智能化、专业化水平。所谓"共建",就是强调共同参与社会建设,在这一过程中,党委和政府发挥引导和促进社会组织健康发展、激发社会力量参与社会建设的能力和活力的作用;"共治"是指共同参与社会治理,强调充分发挥各级党委和政府在社会治理中总揽全局、协调各方的领导核心作用,引领和推动社会力量参与社会治理,努力形成社会治理多方参与、多方尽责的良好局面;"共享"是指共同享有治理成果,改变不平衡不充分的发展现状,让改革成果惠及所有人民,让人民感受到党的温暖、拥护党的领导。奥斯

---

① 郑长忠、袁罡:《社会转型期共青团职能定位与实现途径研究》,《中国青年研究》2008 年第 3 期,第 33-36 页,第 12 页。

② 康晓光:《转型时期的中国社团(论文节选)》,《中国青年科技》1999 年第 3 期,第 11-14 页。

特罗姆提出的"多中心"治理理论认为,任何组织在社会治理体系中都处于公共治理的主体地位,与政府是平等合作的伙伴关系。① 因此,群团组织参与社会治理的过程中,工青妇既是多元治理中的重要主体,更是中介与桥梁,要充分发挥其"纵向到底、横向到边"的体系优势,覆盖不同组织、市场主体、社会阶层,充分调动社会力量,在参与社会治理的同时,也为其他主体参与社会治理提供途径。因此,要发挥和完善群团组织在社会治理中的作用,就要在制度改革上令其可以实现充分"共建"。对社会组织也是同样,需要给他们更多的自主空间和平等话语权,在党的领导下由群团组织与社会组织一起实现多元治理的目标。

对于社会组织专业人士介入纠纷化解中面临的伦理困境,特别是当社工把家庭矛盾纠纷中的个案案主或信访案件中的信访人信息汇报给政府部门的督导方时,信息完整且及时是政府考核评估社会组织很重要的一个参考依据,这就对社工的伦理价值和信息保密提出了一大挑战。所谓"伦理困境"是指当专业核心价值中对专业人员要求的责任与义务发生冲突的情形,而社会工作者必须决定优先考量何种价值。② 多戈夫和洛温伯格等认为伦理问题的两个成因一是价值观之间有冲突;二是在忠于谁的问题上有冲突。③ 在西方社会工作伦理中,社工需要秉持一般的道德责任、对案主的责任、社会工作者对同事的伦理、社会工作者在工作中的职责、社会工作者在特定情况下的责任及社会工作者对专业的责任。④ 这种价值优先性的冲突在介入纠纷化解

---

① Elinor Ostrom, "Polycentric systems for coping with collective action and global environmental change," *Global Environmental Change* 20:4 (2010), pp. 550-557;奥斯特罗姆、帕克斯、惠特克:《公共服务的制度建构》,宋全喜、任睿译,上海三联书店,2000 年。

② Fred eric G. Reamer, *Social Work Values and Ethics* (New York: Columbia University Press, 1994), pp. 134-135.

③ 多戈夫、洛温伯格、哈林顿:《社会工作伦理:实务工作指南》,隋玉杰译,中国人民大学出版社 2005 年版,第 1-10 页。

④ 杨鑫:《专业价值观和伦理是社工的生命——以澳洲社会工作双重关系的伦理为例》,《湖北函授大学学报》2018 年第 14 期,第 88-90 页。

和社会治理中主要表现为专业社工所需坚守的案主自决原则、平等主义和保密伦理与政府购买服务合作过程中的目标达成和考核评估之间产生的张力，两者之间的伦理矛盾既体现为西方专业社工伦理与本土文化和政社关系之间的内在冲突，也表现为信访社工具体服务过程中的行动逻辑。其中，尤以"关怀伦理"原则与政策制度之间存在的矛盾显著突出。因为，关怀伦理要求社工考虑具体情境中特定案主的需要，做到增进案主福祉、有益于其发展。在实践层面则要求社工在开展专业化服务的过程中尽可能满足案主的合理化需要并高度尊重案主的个体权利①，特别当有些访民非常介意社工将自己的个人行动和信息汇报给政府的时候，如果为了完成政府任务规定的指标而违背当事人的意愿则与"关怀伦理"所追求的满足案主合理化需求之间产生了明显的矛盾，尤其当由于信息泄露而造成当事人行动被阻甚至因违法上访而被处罚等更严重的后果，这种矛盾造成了专业社工在介入信访纠纷化解中道德选择和实践行为的困境。

当然，在破解或处理专业社工、律师、心理咨询师等与群团组织合作的社会组织职业困境上，很重要的一个考虑依据是我国社会组织参与治理的模式是政府购买服务，也即专业社会组织人员介入的前提与西方是有很大不同的。加上中国传统文化背景下的伦理观也影响着中国人的行为方式，而这直接关系到社会工作实务的展开。② 在我国的基层治理实践中，社会工作者本身身处多个利益相互交织而成的复杂网络中，多重利益的冲突不可避免。多重利益冲突解决的一个重要节点在于平衡，这种平衡并不是完全平分，而是本着一种"差别满足"的原则寻求一个最小伤害的平衡点，即优先考虑生命第一原则，其次

---

① Douglas MacDonald, "Hospice social work: A search for identity," *Health & Social Work* 16: 4 (1991), pp. 274-280;陈钟林、黄晓燕：《社会工作价值与伦理》，高等教育出版社 2011 年版，第 70-80 页。

② 王菁：《浅议社会工作中伦理原则的等级次序》，《现代妇女：理论前沿》2015 年第 2 期，第 165 页。

是价值中立原则、最小伤害原则、真诚原则以及隐私和保密原则。^① 所谓的价值中立,除社工要高度重视对信访者的尊重和接纳他们的价值观、不将自己的价值观强加给他们外,更重要的是,社工是在调解和化解信访者与地方政府的矛盾,从各方面试图满足其诉求而令其停止上访行动,因此这个过程中,社工要与多方打交道,需要协调包括信访者、公安局、信访局、民政局等四方的不同利益。在应对不同方面的关系和利益时遇到的困境也被称为"忠诚困境"^②,即社工到底应该忠于案主还是信访、公安、民政等政府部门? 同时,社工也是一个公民,有义务忠诚于国家的法律、忠诚于社会制度与政策,但又要面对专业性要求其保持的操守和精神。因此,社工在尽力保护信访者个人隐私或在接触时,应主动告知对方哪些信息会汇报给相关单位知晓,并且清晰告知对方相关行动的目的和意义,在对方知晓和得到允许的情况下,尊重信访者的平等与权利,秉持对其最小伤害的原则,为他们尽可能地整合资源、争取合法的权益。不论是哪种专业人士,在参与矛盾纠纷化解和社会治理的过程中,他们的首要关系是建立在与当事人双向互动和彼此信任的基础上的,因此专业理论守则要求他们为当事人维护合法权益,同时也要保障机构自身的合法权利,其次是在合意的基础上,高质量完成政府规定的任务和实现有效治理的目标。

三、国家、群团组织和社会组织高效协同创新的实现路径

政社合作的关系归根到底是社会分工的结果。在分工的过程中,不同主体间的地位差别在很大程度上影响了分工的专业性。这种分

---

① 杨红丽:《浅析社会工作伦理困境及抉择——以信访个案为例》,《法制与社会》2018 年第 2 期,第 145-147 页、第 158 页。

② 杨红丽:《浅析社会工作伦理困境及抉择——以信访个案为例》,《法制与社会》2018 年第 2 期,第 145-147 页、第 158 页。

工的专业性,在政府、群团组织和社会组织的合作实践中构建了社会组织的能力专有性。王名和蔡志鸿借助威廉姆森的"资产专有性"理论①,认为政社合作关系的紧密程度很大程度上取决于在同一场域内社会组织能力的专有性。当社会组织有较高的能力专有性的时候,政府与社会组织合作就容易形成相互依存的紧密关系;而当社会组织能力专有性较低时,政府在与社会组织的互动过程中就更容易占据优势地位。②基于这个分析,要实现在地方政府、群团组织引导和带动社会组织有效参与社会治理,关键就是要提高社会组织能力专有性,加大三方互动的协同性。尤其要在社会组织服务与社会问题需求精准匹配、机构法治化与专业人才培育体系完善以及非追求短期绩效的考核机制建立三方面下功夫。

首先,创新社会治理体制的首要前提就是创新社会治理理念,尤其要把保障和改善民生水平、把人民的利益摆在至高无上的地位。因为党的一切工作必须以最广大人民的根本利益为最高标准。要坚持把人民群众的小事当作自己的大事,从人民群众关心的事情做起,从让人民群众满意的事情做起,带领人民不断创造美好生活!③ 因此,要实现地方政府、群团组织和社会组织高效协同创新,提升社会治理的水平,就必须首先关注人民的诉求和需要。对政府而言,人民的利益是首要的考量标准;对群团组织而言,本身作为群众团体应当首要考虑群众的利益尤其是对弱势群体的利益保护;而对社会组织而言,其专业服务精神更要求其关注服务对象的需求和提升他们的生命质量。在这一意义上,三方互动的终极目标都是一致的。在坚持为人民服务和解决人民需求这一共同理念的引导下,地方政府需要更多放权给群

---

① 威廉姆森:《资本主义经济制度:论企业签约与市场签约》,段毅才、王伟译,商务印书馆 2002年版。

② 王名、蔡志鸿:《以"能力专有性"论政社合作——以两岸防艾社会组织为例》,《中国非营利评论》2019 年第 1 期,第 1-33 页。

③ 习近平:《决胜全面建成小康社会　夺取新时代中国特色社会主义伟大胜利——在中国共产党第十九次全国代表大会上的报告》,人民出版社 2017 年版,第 50 页。

团组织,特别是社会组织,给予他们自主发挥的空间,在依据法律政策规定的基础上,减少对其行政干预,提升其参与社会治理的积极性和自主性,尤其是发挥社会精英在推动社会治理和创新中的重要作用。①群团组织自身也需要加强专业性,特别是在处理劳工问题、妇女问题和青少年问题方面应具有更强的专业知识背景和实践经验,以便应对各类新的问题和情况。而社会组织最关键的是要提高自身服务社会、服务公众的能力,这个能力要在它们不断地承接政府职能转移的过程当中逐渐积累和培养起来。当然,社会组织自身必须有很清醒的意识,要自觉地加强自己的能力建设,要依照法律赋予社会组织的职能运作,使它们的行为能够符合法律的规范。②

其次,社会治理体系和治理能力的重要依托是制度化、法治化特别是法治观念的加强。人才的培养和引进也需要依托法治理念和制度安排,尤其在现代社会,解决社会矛盾和维护社会稳定的主要手段是法治,国家治理现代化的重要抓手是法治,运用法治思维提升社会治理效能,始终坚持依法治理,要合情合理合法,以法治思维解决社会疑难杂症,逐步实现依法履职、依法决策、依法办事、遇事信法、办事寻法的法治社会治理格局。毫无疑问,完善的法律法规和严格的执法是社会组织和群团组织参与社会治理的首要保障。特别如社会工作业务层面的立法涉及社会救助、社会保障、社会保险、特殊人群权益保护、人民调解、基层居民自治等行业法律法规,需要在社会保障、特殊人群权益保障、社区矫正、社会救助等领域的立法取得新突破,以立法强制规范明晰政府、市场、社会工作之间的职责范围,并依法规范各参与主体的行为和它们之间的关系,严格公正执法;以立法形式维护社会工作者在社会服务中的基本权益,将社会工作参与社会治理实践纳

① 宋丙涛:《国家治理结构的转型动力分析——精英利他假设与集体行动逻辑》,《经济管理》2016 年第 12 期,第 1-15 页。
② "以有温度的服务提升群众'满意度'",金羊网,2022 年 9 月 22 日,https://difang.gmw.cn/2022-09/22/content_36041382.htm,检索日期:2023 年 2 月 1 日。

入法治轨道,确保社会工作者参与社会治理的专业性、积极性和合法性。①在完善制度安排和人才提升方面,最为关键的是提高社工和群团组织工作人员的福利待遇,增强其职业荣誉感,吸引更多优秀社会精英和大学毕业生投入工作,服务社会。同时,通过政府购买服务可以在党政机关、企事业单位等社会团体扩充社会工作者岗位数量,完善社工人才培育、遴选、激励、评估机制,培育、选拔、吸收高素质的社工人员参与基层社会治理,实现政府职能转变和社会管理体制创新。在人才能力和专业性方面,当前诸多社会组织依然存在服务理念和方法不够先进,尤其是需要学习借鉴国外社会治理的经验,对内部成员加强培训以提升实务能力,在三方互动中充分利用大数据和智慧治理,实现地方政府、群团组织和社会组织之间的高效协同。在社会治理活动中,技术是实现社会治理目标的途径,特别是大数据技术的检索、识别、统计、分类、分析、应用等为社会治理现代化提供技术支持和保障。习近平总书记指出:"要运用大数据提升国家治理现代化水平。"②因此,一方面,需要充分利用大数据技术了解和掌握人民的需求、识别挖掘不同类型群众的多层次偏好,为百姓提供更及时、更精准、更有效、更便捷、更普惠的服务,从而为百姓带来实实在在的获得感;另一方面,充分利用大数据掌握社会风险趋势,对社会矛盾和存在的热点问题作出更为精准的把握,从而做好应急预案,使社会治理活动更科学、更智能、更个性、更规范、更安全,切实提高重大危机事件的应急管理能力。③

最后,健全政府购买社会组织服务绩效评估机制,完善对社会组织考核、评估和激励的方式。所谓政府购买公共服务,是政府为了更

---

① 付钊:《专业社会工作参与基层社会治理:何以可能、何以可为》,《深圳社会科学》2020 年第 3 期,第 101-112 页。

② 中共中央党史和文献研究院编:《习近平关于网络强国论述摘编》,中央文献出版社 2021 年版,第 134 页。

③ 英明、田鹏颖:《新时代社会治理共同体建设的方法论思考》,《思想教育研究》2020 年第 3 期,第 82-87 页。

好地履行社会管理的职能,将为社会发展和人民生活提供服务的事项交由政府主办的事业单位或有资质的社会组织等服务提供者来完成,并根据其提供服务的数量和质量,按照一定的标准进行评估后支付服务费用的一种模式。其目的在于创新政府公共管理的理念,构建公共服务提供过程中的激励和约束机制,通过公共服务提供方式的市场化改革,提高政府公共服务的效率,全面提升政府公共服务的水平,最大限度地满足社会公共需要。① 政府,或委托群团组织,向社会组织购买社会公共服务的本质是政府与社会组织之间形成契约性的委托代理关系。因此,购买服务的主体是否明确、社会组织是否具备相应资格、购买流程是否规范、所提供的服务的质量与资金的使用效率等各个环节,都需要受到政府、公众以及第三方评估机构的评估与检验。因而应当加强政府向社会组织购买服务的绩效管理,建立健全绩效评估机制,在引入第三方评估机制的同时应当鼓励多方参与评估,令评估过程和结果更公平公正,有利于对社会组织的绩效和服务作出一个客观的评价。更重要的是应避免浪费政府公共资源并切实保证社会组织在提供纠纷化解和参与社会治理过程中实现既定目标,高效完成任务。要实现社会组织更客观公正的指标评估,需要统一全国各地政府购买服务关于绩效评估政策的统一指导标准②,确保各地参考的标准具有统一性,降低随意性,提高参考性。尽管各地存在经济政治发展差异,但统一标准有利于各地社会组织的共同进步和提升服务质量。

实际上,引入群团组织参与合作和购买服务,从某种程度上说其

---

① 胡献忠:《群团组织承接政府职能转移:意蕴、困境与路径》,《青年工作》2019 年第 1 期,第60-66 页。

② 自 2013 年开始,中央陆续出台一系列关于政府购买社会组织服务的指导文件(见附录四、附录五、附录六、附录七),旨在规范政府与社会组织合作的模式、过程和评估方式等,特别是 2013 年《国务院办公厅关于政府向社会力量购买服务的指导意见》为政府向社会力量购买服务明确了总体方向和基本要求,为新时代政府购买社会组织服务工作提供了政策支撑,也促使这项工作在新时代成为政府落实"放管服"改革和构建新型社会治理体系的有力抓手。

最大意义在于改变原有"双重管理"①制度下社会组织登记和运作所面临的诸多限制，导致社会组织业务主管单位涉及多个政府部门、社会资源难以得到有效利用，以及许多具有合理存在价值的社会组织无法取得合法身份，增加了社会组织的生存成本，挤压了它们发展空间的问题。因此，在群团组织与社会组织合作的过程中，应该放权给社会组织，通过党建实现充分吸纳社会力量参与社会治理，并且在彼此信任的基础上赋权给社会力量，令其拥有更多独立和自主发挥的空间。同时，健全政府购买服务的监督评估机制，不能仅仅通过内部监督或流于形式的第三方评估。政府购买服务涉及管理学、社会学、行政学等多学科知识，政府缺乏专业监督评估人员，因而对项目监督显得力不从心，一些地方甚至存在政府购买服务管理机构和操作机构人员串通的情况，相互制约机制的不完善极易诱发腐败，导致政府购买服务模式的失效。② 同时，基层政府受政绩驱使，通过频繁的评估对承接方进行过程监督，导致社会组织常常需要花费大量时间应付检查，将实施服务的重心放在写各类评估文件上而不是提供服务本身，指标化的评估方式亦导致基层政府更关心指标的完成情况而不是服务对象的真实需求。因此，需要严格把关社会组织的准入方式，采取更为公开、公正和客观的评估方式，充分参考和借鉴发达国家的成熟经验，成立专业社会组织评估机构，实现购买公共服务评价指标体系 3E，即经济性（economy）、效率性（efficiency）、有效性（effectiveness）。③ 特别值

---

① 党的十一届三中全会后，我国提出了对社会组织实施"双重管理"的体制，其主要特征包括：归口登记、双重负责、分级管理和限制竞争，参见郭小建、万文《试论我国社会组织管理体制改革的成效与问题》，《科学咨询》2020 年第 5 期，第 31 页；郭亨利《看示范区如何助力社会组织提质增量——福建省晋江市探索社会组织登记管理体制改革纪实》，《中国社会组织》2017 年第 11 期，第 37-38 页；孙照红《政府与社会关系 70 年：回顾与前瞻——基于社会组织管理制度的分析》，《中共杭州市委党校学报》2020 年第 2 期，第 56-61 页。

② 王家合、赵琰霖《我国政府购买服务政策：演进、特征与优化》，《学习论坛》2018 年第 4 期，第 55-60 页。

③ 崔英楠、王柏荣《政府购买社会组织服务绩效考核研究》，《北京联合大学学报（人文社会科学版）》2017 年第 4 期，第 95-102 页。

得注意的是社会组织服务效果的持续性而非即时有效性,因为所谓的"有效纠纷化解和社会治理模式"可能只在短期发挥作用,而对政府基层治理而言,更重要的是长期的、可持续的效果。

四、本章小结

本章通过对新时代,群团组织介入纠纷化解的独特和重要的意义进行阐述,在归纳总结当前群团组织参与社会治理过程中存在不足的基础上,提出实现国家、群团组织和社会组织三方互动及高效协同创新的路径。基于实证分析的案例研究证明,要实现三方的有效互动和高效持久的基层创新,关键就是要提高社会组织能力专有性,加大三方互动的协同性。最重要的是对社会组织服务与社会问题需求进行精准匹配、机构法治化与专业人才培育体系完善以及非追求短期绩效的考核机制建立三方面进行改革完善。而法治理念的发展和完善立法执法是实现三方有效高效互动的制度环境保障。因此,在构建和运作"共建共治共享"格局的过程中,应当将重心放在"共建"上,发挥群团组织的动员功能,实现社会组织与群团、地方政府在共治过程中的平等地位。

第八章　全面发挥群团组织
参与社会治理

　　社会力量参与矛盾纠纷化解和维护社会稳定是我国依法治国进程的重要方面。全面依法治国,建设法治社会一定需要社会力量的参与。包括群团组织、企业、社会组织以及公民个体等在内的各种社会力量是法治建设的社会基础,它们共同构成了社会治理法治化的重要支撑。政府部门要提升基层社会治理能力和水平,需要加强与社会力量的对话和合作,注重挖掘政府以外的社会潜力。地方政府与群团组织和社会组织的互动合作能够调动社会力量协助政府推进社会治理的积极性和主动性,提升基层社会治理的实效。

　　中国共产党为我国矛盾纠纷多元化解体系的构建运作提供了最重要的政治指引,党建引领的纠纷解决制度也是我国社会治理的最大优势。防范风险和纠纷解决作为新时代全面依法治国的重要任务,需要完善现有的纠纷化解机制,设计更为灵活多元和与时俱进的纠纷化解体系。现有的党委领导、政府主导、社会参与的大调解机制,自古以来传统的人民调解和著名的"枫桥经验",各地开展的各类纠纷化解的创新模式都是适应时代发展和我国社会情况作出的调适和安排。群团工作既是党的事业的重要组成,也是广义上的社会组织工作的有机组成。尤其是在改革开放后 40 多年的探索中,群团组织发挥了十分重要和不可替代的作用。

　　本书基于国家社会关系理论,重点针对我国长三角地区上海市 M 区,浙江省 T 市和江苏省 S 市的工会、共青团、妇联等主要群团组织开展实地调研和深入分析,揭示地方政府、群团组织和社会组织三方之间的互动关系,指出各级妇联在新时代参与预防和化解社会矛盾纠纷中的重要地位、独特作用、运作机制、现有存在的问题和改进的对策,为我国新时代群团组织加强自身建设、增强群众凝聚力以及群团组织先进性和群众性、更加积极有效参与社会治理提供理论依据和参考建议。研究发现,群团组织区别于一般社会组织和政府机构的最大特点就是其历史渊源带有的政治性,是中国共产党领导下的具有广泛群众联系和带有社会国家双重属性的团体组织。不论是工会、共青团还是妇联或其他群团组织,它们与政府不同的是对特定群体的关注以及提供服务的理念和目标,而它们与一般社会组织的不同之处就是具有更多政治资源和联系,能够依靠法律外和制度外的柔性方式提供社会服务,努力满足组织服务对象的需求。这种特殊性质和定位使群团组织不仅成为社会组织和处理政府之间的桥梁和纽带,也成为社会组织在寻求政府支持和处理与政府互动中各类问题的"缓冲阀"。① 在新时代,针对我国社会的疑难矛盾处理,特别是因历史遗留问题导致的长期难以化解的信访问题,本书通过研究发现妇联购买社会组织服务以"柔性治理"的方式有效化解社区业主维权纠纷,同时形成一种"党建吸纳社会"的合作关系,在基层实现地方政府、群团组织和社会组织之间高效、联动的治理模式,是我国当前社会治理的重要创新和值得推广的做法。尽管在实施过程中,依然存在制度不健全、资源不充分、人员不专业等问题,但是通过调整政策和制度安排、消除三方互动中的阻碍和不畅、更多赋权给社会组织等方面的改革和完善,相信可以有效提升群团组织带动社会组织,更及时、令群众满意地解决各类民生诉求和社会疑难矛盾纠纷。

改革开放前,我国社会的组织形态比较单一。社会按照部门和行业分工来组织人们的生产与生活,形成"单位制"之下的"单位人",人

---

① 周承洲:《群团组织是创新社会治理的重要力量》,《当代贵州》2015 年第 10 期,第 42-43 页。

们社会身份相对固化,单位是党组织和群团组织开展工作和活动的主要场所。群团组织的工作对象相对固定、工作方法相对单一,主要是根据党的需要,依靠各个单位中的党组织动员和组织群众。[①] 在新时代,社会不仅面对高度多元和复杂的情况,更重要的是进入互联网和大数据时代,群团组织参与社会矛盾纠纷化解和基层治理必然需要与时俱进,特别是在完善和改进现有不足和问题的基础上,从内到外实现创新和协调,这不仅在群团组织与政府、社会组织三方之间,也在群团组织内部和不同的群团组织之间实现资源共享、高效协同工作。新时代的群团组织改革既是自身适应时代变迁的需要,也是全面深化改革的有机组成部分,必须在党的领导下"以点带面",积极稳妥、科学有序地推进。

首先,更广泛团结和吸纳社会力量参与治理。群团组织在吸纳更多社会力量参与党建和社会治理的过程中,应当高度重视"激励"和"惩罚"同步推进,大力鼓励和激发新兴力量进入群团,给予社会力量一定空间,真正实现"以群众为中心、让群众做主角、由群众说了算",提升治理的针对性和时效性。地方政府也应该意识到对群团负责人和工作人员进行激励的重要性,并对其不作为和非法行为予以严厉惩罚。不断提升群团组织引导和团结社会组织发挥治理效果的能力。

其次,更多借助互联网和大数据推进纠纷化解和社会治理。互联网和大数据技术的发展,要求各类群团组织充分利用社交媒体,与公众建立一种长期的稳定的即时的沟通关系,同时需要准确把握公众对于社会治理的选择偏好,有助于在有限公共资源的价值取舍和价值平衡中掌握网络话语权。在有条件的情况下,积极和社交媒体"舆论领袖"建立社会治理的沟通协调关系,吸纳广大群众参与社会事务的决策、治理,提升民众对社会组织、群团组织的认同和支持。例如在纠纷

[①] 黄峰、姚桓:《对新时代群团组织改革的初步思考——基于对上海群团组织改革的调研》,《北京行政学院学报》2019 年第 6 期,第 65-71 页。

化解中,更为明显的趋势就是采用线上调解(online dispute resolution)的方式,更为便捷有效和及时调解处理各类矛盾纠纷,这也要求群团组织和社会组织不断提升专业能力,利用好网络平台,把握公共信息和舆情导向,及时防范重大危机和群体性纠纷案件。

最后,更需要坚持法治思维和理念,严格遵循法律规定依法履职,维护广大群众的合法利益。权利保障、权力制约和规则至上,一直是法治的核心价值,它们构成了近代以来法治发展的动力和基础。新时代必将是不断推进法治进程和完善法律发展的时期,因此,在群团组织化解纠纷的过程中,必须严格树立法治观念,提升法律意识,不管在处理劳资问题、妇女和婚姻家庭问题还是在处理群体性事件的过程中,偏离法治轨道或缺乏法治理念都会造成严重的后果。工青妇在实现其群体性利益表达的同时,要善于引导群众运用法治思维和法治方式维权,注重通过集体协商、对话协商、调解仲裁等方式协调各方利益,通过信访代理、推动公益诉讼、依法参与调解仲裁等方式为利益受到损害或侵犯的群众提供帮助,用柔性的情感关怀和同理心与当事人进行沟通交流,切实维护群众的合法权益,实现权利保障、权力制约和规则至上的有效融合,为我国新时代的改革和社会发展提供更为坚实的后盾和保障。

附　录

附录一　民办非企业单位登记管理暂行条例

（1998 年 10 月 25 日国务院令第 251 号发布）

第一章　总则

第一条　为了规范民办非企业单位的登记管理,保障民办非企业单位的合法权益,促进社会主义物质文明、精神文明建设,制定本条例。

第二条　本条例所称民办非企业单位,是指企业事业单位、社会团体和其他社会力量以及公民个人利用非国有资产举办的,从事非营利性社会服务活动的社会组织。

第三条　成立民办非企业单位,应当经其业务主管单位审查同意,并依照本条例的规定登记。

第四条　民办非企业单位应当遵守宪法、法律、法规和国家政策,不得反对宪法确定的基本原则,不得危害国家的统一、安全和民族的团结,不得损害国家利益、社会公共利益以及其他社会组织和公民的合法权益,不得违背社会道德风尚。

民办非企业单位不得从事营利性经营活动。

第五条　国务院民政部门和县级以上地方各级人民政府民政部门是本级人民政府的民办非企业单位登记管理机关(以下简称登记管理机关)。

国务院有关部门和县级以上地方各级人民政府的有关部门、国务院或者县级以上地方各级人民政府授权的组织,是有关行业、业务范围内民办非企业单位的业务主管单位(以下简称业务主管单位)。

法律、行政法规对民办非企业单位的监督管理另有规定的,依照有关法律、行政法规的规定执行。

第二章　管辖

第六条　登记管理机关负责同级业务主管单位审查同意的民办非企业单位的登记管理。

第七条　登记管理机关、业务主管单位与其管辖的民办非企业单位的住所不在一地的,可以委托民办非企业单位住所地的登记管理机关、业务主管单位负责委托范围内的监督管理工作。

第三章　登记

第八条　申请登记民办非企业单位,应当具备下列条件:

(一)经业务主管单位审查同意;

(二)有规范的名称、必要的组织机构;

(三)有与其业务活动相适应的从业人员;

(四)有与其业务活动相适应的合法财产;

(五)有必要的场所。民办非企业单位的名称应当符合国务院民政部门的规定,不得冠以"中国"、"全国"、"中华"等字样。

第九条　申请民办非企业单位登记,举办者应当向登记管理机关提交下列文件:

（一）登记申请书；

（二）业务主管单位的批准文件；

（三）场所使用权证明；

（四）验资报告；

（五）拟任负责人的基本情况、身份证明；

（六）章程草案。

第十条　民办非企业单位的章程应当包括下列事项：

（一）名称、住所；

（二）宗旨和业务范围；

（三）组织管理制度；

（四）法定代表人或者负责人的产生、罢免的程序；

（五）资产管理和使用的原则；

（六）章程的修改程序；

（七）终止程序和终止后资产的处理；

（八）需要由章程规定的其他事项。

第十一条　登记管理机关应当自收到成立登记申请的全部有效文件之日起 60 日内作出准予登记或者不予登记的决定。

有下列情形之一的，登记管理机关不予登记，并向申请人说明理由：

（一）有根据证明申请登记的民办非企业单位的宗旨、业务范围不符合本条例第四条规定的；

（二）在申请成立时弄虚作假的；

（三）在同一行政区域内已有业务范围相同或者相似的民办非企业单位，没有必要成立的；

（四）拟任负责人正在或者曾经受到剥夺政治权利的刑事处罚，或者不具有完全民事行为能力的；

（五）有法律、行政法规禁止的其他情形的。

第十二条　准予登记的民办非企业单位，由登记管理机关登记民办非企业单位的名称、住所、宗旨和业务范围、法定代表人或者负责人、开办资金、业务主管单位,并根据其依法承担民事责任的不同方式,分别发给《民办非企业单位(法人)登记证书》、《民办非企业单位(合伙)登记证书》、《民办非企业单位(个体)登记证书》。

依照法律、其他行政法规规定,经有关主管部门依法审核或者登记,已经取得相应的执业许可证书的民办非企业单位,登记管理机关应当简化登记手续,凭有关主管部门出具的执业许可证明文件,发给相应的民办非企业单位登记证书。

第十三条　民办非企业单位不得设立分支机构。

第十四条　民办非企业单位凭登记证书申请刻制印章,开立银行账户。民办非企业单位应当将印章式样、银行账号报登记管理机关备案。

第十五条　民办非企业单位的登记事项需要变更的,应当自业务主管单位审查同意之日起 30 日内,向登记管理机关申请变更登记。

民办非企业单位修改章程,应当自业务主管单位审查同意之日起 30 日内,报登记管理机关核准。

第十六条　民办非企业单位自行解散的,分立、合并的,或者由于其他原因需要注销登记的,应当向登记管理机关办理注销登记。

民办非企业单位在办理注销登记前,应当在业务主管单位和其他有关机关的指导下,成立清算组织,完成清算工作。清算期间,民办非企业单位不得开展清算以外的活动。

第十七条　民办非企业单位法定代表人或者负责人应当自完成清算之日起 15 日内,向登记管理机关办理注销登记。办理注销登记,须提交注销登记申请书、业务主管单位的审查文件和清算报告。

登记管理机关准予注销登记的,发给注销证明文件,收缴登记证书、印章和财务凭证。

第十八条　民办非企业单位成立、注销以及变更名称、住所、法定代表人或者负责人,由登记管理机关予以公告。

第四章 监督管理

第十九条 登记管理机关履行下列监督管理职责：

（一）负责民办非企业单位的成立、变更、注销登记；

（二）对民办非企业单位实施年度检查；

（三）对民办非企业单位违反本条例的问题进行监督检查，对民办非企业单位违反本条例的行为给予行政处罚。

第二十条 业务主管单位履行下列监督管理职责：

（一）负责民办非企业单位成立、变更、注销登记前的审查；

（二）监督、指导民办非企业单位遵守宪法、法律、法规和国家政策，按照章程开展活动；

（三）负责民办非企业单位年度检查的初审；

（四）协助登记管理机关和其他有关部门查处民办非企业单位的违法行为；

（五）会同有关机关指导民办非企业单位的清算事宜。

业务主管单位履行前款规定的职责，不得向民办非企业单位收取费用。

第二十一条 民办非企业单位的资产来源必须合法，任何单位和个人不得侵占、私分或者挪用民办非企业单位的资产。

民办非企业单位开展章程规定的活动，按照国家有关规定取得的合法收入，必须用于章程规定的业务活动。

民办非企业单位接受捐赠、资助，必须符合章程规定的宗旨和业务范围，必须根据与捐赠人、资助人约定的期限、方式和合法用途使用。民办非企业单位应当向业务主管单位报告接受、使用捐赠、资助的有关情况，并应当将有关情况以适当方式向社会公布。

第二十二条 民办非企业单位必须执行国家规定的财务管理制度，接受财政部门的监督；资产来源属于国家资助或者社会捐赠、资助的,还应当接受审计机关的监督。

民办非企业单位变更法定代表人或者负责人,登记管理机关、业务主管单位应当组织对其进行财务审计。

第二十三条 民办非企业单位应当于每年 3 月 31 日前向业务主管单位报送上一年度的工作报告,经业务主管单位初审同意后,于 5 月 31 日前报送登记管理机关,接受年度检查。工作报告内容包括:本民办非企业单位遵守法律法规和国家政策的情况、依照本条例履行登记手续的情况、按照章程开展活动的情况、人员和机构变动的 情况以及财务管理的情况。

对于依照本条例第十二条第二款的规定发给登记证书的民办非企业单位,登记管理机关对其应当简化年度检查的内容。

第五章 罚则

第二十四条 民办非企业单位在申请登记时弄虚作假,骗取登记的,或者业务主管单位撤销批准的,由登记管理机关予以撤销登记。

第二十五条 民办非企业单位有下列情形之一的,由登记管理机关予以警告,责令改正,可以限期停止活动;情节严重的,予以撤销登记;构成犯罪的,依法追究刑事责任:

(一)涂改、出租、出借民办非企业单位登记证书,或者出租、出借民办非企业单位印章的;

(二)超出其章程规定的宗旨和业务范围进行活动的;

(三)拒不接受或者不按照规定接受监督检查的;

(四)不按照规定办理变更登记的;

(五)设立分支机构的;

(六)从事营利性的经营活动的;

(七)侵占、私分、挪用民办非企业单位的资产或者所接受的捐赠、资助的;

（八）违反国家有关规定收取费用、筹集资金或者接受使用捐赠、资助的。

前款规定的行为有违法经营额或者违法所得的，予以没收，可以并处违法经营额 1 倍以上 3 倍以下或者违法所得 3 倍以上 5 倍以下的罚款。

第二十六条　民办非企业单位的活动违反其他法律、法规的，由有关国家机关依法处理；有关国家机关认为应当撤销登记的，由登记管理机关撤销登记。

第二十七条　未经登记，擅自以民办非企业单位名义进行活动的，或者被撤销登记的民办非企业单位继续以民办非企业单位名义进行活动的，由登记管理机关予以取缔，没收非法财产；构成犯罪的，依法追究刑事责任；尚不构成犯罪的，依法给予治安管理处罚。

第二十八条　民办非企业单位被限期停止活动的，由登记管理机关封存其登记证书、印章和财务凭证。

民办非企业单位被撤销登记的，由登记管理机关收缴登记证书和印章。

第二十九条　登记管理机关、业务主管单位的工作人员滥用职权、徇私舞弊、玩忽职守构成犯罪的，依法追究刑事责任；尚不构成犯罪的，依法给予行政处分。

第六章　附则

第三十条　民办非企业单位登记证书的式样由国务院民政部门制定。

对民办非企业单位进行年度检查不得收取费用。

第三十一条　本条例施行前已经成立的民办非企业单位，应当自本条例实施之日起 1 年内依照本条例有关规定申请登记。

第三十二条　本条例自发布之日起施行。

附录二　社会组织党建工作承诺书(样本)

××××民政厅(局)：

我组织(社会组织名称)将依据《中国共产党章程》的规定,按照《关于加强社会组织党的建设工作的意见(试行)》和《关于改革社会组织管理制度促进社会组织健康有序发展的意见》要求,支持开展党建工作。经商全体发起人,我们郑重作出如下承诺：

一、坚持中国共产党的领导,执行党的路线、方针和政策,走中国特色社会组织发展之路。

二、支持配合在本组织(社会组织名称)内及时建立党组织并开展党的工作。如暂不能单独建立党组织,支持通过联合建立党组织、选派党建工作指导(联络)员等方式,在本组织开展党的工作。

三、支持配合在本组织(社会组织名称)内发展党员,支持党员参加党的活动,保障党员的合法权益,发挥党员的先锋模范作用。

四、支持配合党的纪律检查机关和上级党组织查处本组织(社会组织名称)违纪党员。

五、为党组织在本组织(社会组织名称)内开展活动提供必要的场地、经费和人员支持。

特此承诺。

××××(社会组织名称)

拟任主要负责人签字：

拟任法定代表人签字：

年　月　日

附录三　浙江省 Z 市社会组织联合工会工作规范

1　范围

本标准规定了社会组织联合工会的工作保障、工作职责、工作要求、工作评价方面的内容。

本标准适用于社会组织联合工会工作。

2　术语和定义

下列术语和定义适用于本文件。

2.1 社会组织联合工会(以下简称"联合工会")在市、县(区)范围内从事社会组织工会工作的工会组织。

2.2 社会组织基层工会在某一社会组织中建设的基层工会组织。

3　工作保障

3.1 组织建设

3.1.1 联合工会依托当地工会设立,由当地工会统一领导与指导,由成立的社会组织综合党委负责具体领导和指导,并接受当地民政局党委(党组)的工作指导。

3.1.2 联合工会由会员代表大会或会员大会选举产生。每届任期三年,委员任职期间如有变动,可进行增替补。

3.1.3 联合工会组织成立、撤销、换届和委员会委员变动情况应报上级工会审核审批,并在综合党委备案。

3.1.4 对联合工会下属社会组织中女专职工作人员较少,难以组建基层工会的,由联合工会统一任命社会组织工会工作联络员(指导员)。

3.2 人员构成

3.2.1 联合工会设主席 1 名,副主席、委员若干名,成员应从以下人员中选举产生：

a）该领域（或行业）的社会组织负责人；

b）该地区工会机关中，与社会组织联系紧密的人员；

c）其他社会组织从业人员。

3.2.2 联合工会应至少配备 1 名专职工会工作人员，有专门的办公场所和活动场地。

3.2.3 指导未组建基层工会的社会组织配备 1 名社会组织工会工作联络员（指导员）。

3.3 制度保障

3.3.1 联合工会应按照工会工作条例、上级工会组织要求制定的有关制度和运行规则，以及促进和规范社会组织工会工作的其他相关制度开展工作。

3.3.2 社会组织基层工会根据社会组织工会工作需要，应建立社会组织工会会员代表或会员大会、工作联系指导、沟通交流、财务管理、培训、公益服务、公益创投等制度。

3.4 经费保障联合工作经费应专款专用，主要来源如下：

a）会员缴纳的会费；

b）上级工会下拨的专项补助资金；

c）专项奖励资金；

d）符合法律法规、政策规定的其他资金。

4　工作职责

4.1 审核审批负责审批下属社会组织工会，负责审核审批下属社会组织工会组织负责人，在下属社会组织工会换届时，做好工会主席、副主席和委员的审核和审批工作。

4.2 调查排摸负责牵头组织开展该地区社会组织行业的工会组织调查排摸，掌握该地区社会组织建立工会和入会会员的情况，建立基础信息库，掌握底数和基本情况。

4.3 组织覆盖根据社会组织的特点,从强化工会建设入手,按照先组建后规范的原则,促进工会组织在该地区社会组织中的全覆盖,真正做到"扩大覆盖面,增强凝聚力"。

4.4 教育培训负责组织开展会员技能培训、劳动竞赛、维权帮扶、法律宣传以及各种社会公益活动,构建和谐稳定的新型劳动关系。

4.5 平台搭建负责搭建社会组织会员表达利益诉求平台,及时了解会员诉求,收集会员心声,大力宣传社会组织服务过程中涌现的最美班组、最美会员。

4.6 活动开展发挥工会组织的活力,利用各种载体开展多种活动,丰富会员业余文化生活,加强工会阵地和文化建设。

4.7 购买服务负责做好社会组织承接工会类购买服务项目,监督做好申报、落实工作。

4.8 指导监督负责做好基层社会组织工会的指导监督工作。

5　工作要求

5.1 基层组织建设

5.1.1 坚持以党的基层组织建设带动社会组织基层工会建设,联合工会应根据社会组织实际情况指导督促建立基层工会。

5.1.2 社会组织基层工会根据其性质和特点划分隶属关系,一般有以下几种:

a) 属地隶属关系;

b) 行业隶属关系;

c) 主管单位隶属关系;

d) 联合工会直接隶属。

5.1.3 不适合属地管理和行业主管部门不能归口的社会组织、没有业务主管(指导)单位的社会组织以及处于培育阶段的社会组织,其工会工作由联合工会直接负责。

5.1.4 在不改变隶属关系的前提下,联合工会负责指导目前属地管理和业务主管（指导）单位归口的社会组织的工会工作。

5.1.5 联合工会具体指导属地管理、行业和业务主管单位隶属关系明确的社会组织工会工作；工会组织和工会工作覆盖等基础性工作，由上级工会组织负责。

5.2 工会类社会组织培育工作

5.2.1 推广企业社会组织的建立和企业社会工作开展。

5.2.2 组织实施工会类公益项目创投工作。建立社会组织工会项目评价机制，进行项目评价认证。每年应协调安排专门经费，打造一批创新精神好、社会评价度高、工会会员口碑好以及服务效果明显的工会创投项目。

5.2.3 建立工会会员志愿服务体系。依托地区志愿服务系统，引导社会组织基层工会建立会员志愿者队伍，制定年度公益工作计划，建立公益服务活动评价机制。

5.2.4 建立企业与社会组织互动机制。联合工会应指导社会组织基层工会与其联系密切的企业工会搭建联谊平台，参与购买工会类公益创投项目，开展企业社会工作试点。

5.3 社会组织工会干部培养

5.3.1 应坚持德才兼备原则，具备知识化、专业化的要求，热爱工会工作，受社会组织成员信赖。

5.3.2 在确定社会组织工会干部人选时，由社会组织联合工会对其进行考察。

5.3.3 优先向有关部门推荐优秀的社会组织工会（党员）干部，作为入党积极分子、"两代表一委员"人选。

5.4 社会组织工会干部教育管理

5.4.1 定期组织工会干部学习党的方针、政策，学习政治理论和上级工会有关业务知识。

5.4.2 社会组织工会根据有关规定管理工会干部，重视培养、选拔、推荐优秀干部。

6 工作评价

6.1 自我评价联合工会应每季度至少开展 1 次自我评价,根据评价结果对存在的问题进行整改并提出整改措施。具体工作参照附录 A。

6.2 上级评价上级工会可根据参照附录 A,不定期对联合工会工作情况进行评价。

6.3 评价社会组织基层工会联合工会应不定期对基层工会组织进行评价。

社会组织联合工会工作自评细则(示例)

项目	子项	评价细则
组织 建设(15)	1	工会工作列入社会组织党建工作目标,负责人支持工会工作。
	2	依法选举产生工会委员会、经费审查委员会、女职工委员会,建立完善工会分会或工会小组。
	3	有办公场所,有工会牌子、印章、工会文件、工作活动资料档案齐全。
队伍 建设(15)	4	工会主席(副主席)由会员大会或会员代表大会选举产生,工会主席和委员任职一年内参加培训。
	5	有一支热心工作、心系职工、善于维权、开拓进取的骨干队伍。
	6	会员入会率达到95%以上,完成实名制登记,建立会员名册、会籍管理规范。
活动 载体(30)	7	积极参加上级工会组织的宣传教育活动。
	8	有工会宣传教育阵地(微信、微博、QQ群、宣传栏、黑板等),定期更新宣传教育内容(一年不少于4次)。
	9	积极举办各类文体活动,每年不少于2次。可根据会员兴趣爱好,组建业余文化活动团队。
	10	提高职工法律意识,每年开展普法宣传教育不少于1次,"两法"(《工会法》和《劳动法》)知晓率高于80%。
	11	开展"工人先锋号"创建活动,培育选出"最美班组"等典型。
权益 维护(20)	12	积极向上级工会反映本工会会员的利益诉求,保障会员合法权益和女性会员的特殊权益。
	13	建立劳动关系预警协调机制,开展矛盾化解工作。建立完善信息员队伍,按要求及时向联合工会报送职情信息。
	14	积极组织会员参加全市在职职工医疗互助活动,会员参与率95%以上。
	15	开展帮困"送温暖"活动。建立健全困难会员档案,将符合救助条件的困难会员情况上报上级工会。
经费 管理(20)	16	有自主管理的工会经费,设立独立的工会银行账户,依法拨缴工会经费,真正用于服务会员和工会活动。
	17	工会财务管理规范,收好、管好、用好工会经费。
	18	工会经费使用情况接受上级和同级工会经费审查委员会审查和会员监督。经审工作实行台账化管理。

附录四　国务院办公厅关于
政府向社会力量购买服务的指导意见

国办发〔2013〕96 号

各省、自治区、直辖市人民政府,国务院各部委、各直属机构:

党的十八大强调,要加强和创新社会管理,改进政府提供公共服务方式。新一届国务院对进一步转变政府职能、改善公共服务作出重大部署,明确要求在公共服务领域更多利用社会力量,加大政府购买服务力度。经国务院同意,现就政府向社会力量购买服务提出以下指导意见。

一、充分认识政府向社会力量购买服务的重要性

改革开放以来,我国公共服务体系和制度建设不断推进,公共服务提供主体和提供方式逐步多样化,初步形成了政府主导、社会参与、公办民办并举的公共服务供给模式。同时,与人民群众日益增长的公共服务需求相比,不少领域的公共服务存在质量效率不高、规模不足和发展不平衡等突出问题,迫切需要政府进一步强化公共服务职能,创新公共服务供给模式,有效动员社会力量,构建多层次、多方式的公共服务供给体系,提供更加方便、快捷、优质、高效的公共服务。政府向社会力量购买服务,就是通过发挥市场机制作用,把政府直接向社会公众提供的一部分公共服务事项,按照一定的方式和程序,交由具备条件的社会力量承担,并由政府根据服务数量和质量向其支付费用。近年来,一些地方立足实际,积极开展向社会力量购买服务的探索,取得了良好效果,在政策指导、经费保障、工作机制等方面积累了不少好的做法和经验。

实践证明,推行政府向社会力量购买服务是创新公共服务提供方

式、加快服务业发展、引导有效需求的重要途径,对于深化社会领域改革,推动政府职能转变,整合利用社会资源,增强公众参与意识,激发经济社会活力,增加公共服务供给,提高公共服务水平和效率,都具有重要意义。地方各级人民政府要结合当地经济社会发展状况和人民群众的实际需求,因地制宜、积极稳妥地推进政府向社会力量购买服务工作,不断创新和完善公共服务供给模式,加快建设服务型政府。

二、正确把握政府向社会力量购买服务的总体方向

(一)指导思想。

以邓小平理论、"三个代表"重要思想、科学发展观为指导,深入贯彻落实党的十八大精神,牢牢把握加快转变政府职能、推进政事分开和政社分开、在改善民生和创新管理中加强社会建设的要求,进一步放开公共服务市场准入,改革创新公共服务提供机制和方式,推动中国特色公共服务体系建设和发展,努力为广大人民群众提供优质高效的公共服务。

(二)基本原则。

——积极稳妥,有序实施。立足社会主义初级阶段基本国情,从各地实际出发,准确把握社会公共服务需求,充分发挥政府主导作用,有序引导社会力量参与服务供给,形成改善公共服务的合力。

——科学安排,注重实效。坚持精打细算,明确权利义务,切实提高财政资金使用效率,把有限的资金用在刀刃上,用到人民群众最需要的地方,确保取得实实在在的成效。

——公开择优,以事定费。按照公开、公平、公正原则,坚持费随事转,通过竞争择优的方式选择承接政府购买服务的社会力量,确保具备条件的社会力量平等参与竞争。加强监督检查和科学评估,建立优胜劣汰的动态调整机制。

——改革创新,完善机制。坚持与事业单位改革相衔接,推进政事分开、政社分开,放开市场准入,释放改革红利,凡社会能办好的,尽可能交给社会力量承担,有效解决一些领域公共服务产品短缺、质量

和效率不高等问题。及时总结改革实践经验,借鉴国外有益成果,积极推动政府向社会力量购买服务的健康发展,加快形成公共服务提供新机制。

（三）目标任务。

"十二五"时期,政府向社会力量购买服务工作在各地逐步推开,统一有效的购买服务平台和机制初步形成,相关制度法规建设取得明显进展。到 2020 年,在全国基本建立比较完善的政府向社会力量购买服务制度,形成与经济社会发展相适应、高效合理的公共服务资源配置体系和供给体系,公共服务水平和质量显著提高。

三、规范有序开展政府向社会力量购买服务工作

（一）购买主体。

政府向社会力量购买服务的主体是各级行政机关和参照公务员法管理、具有行政管理职能的事业单位。纳入行政编制管理且经费由财政负担的群团组织,也可根据实际需要,通过购买服务方式提供公共服务。

（二）承接主体。

承接政府购买服务的主体包括依法在民政部门登记成立或经国务院批准免予登记的社会组织,以及依法在工商管理或行业主管部门登记成立的企业、机构等社会力量。承接政府购买服务的主体应具有独立承担民事责任的能力,具备提供服务所必需的设施、人员和专业技术的能力,具有健全的内部治理结构、财务会计和资产管理制度,具有良好的社会和商业信誉,具有依法缴纳税收和社会保险的良好记录,并符合登记管理部门依法认定的其他条件。承接主体的具体条件由购买主体会同财政部门根据购买服务项目的性质和质量要求确定。

（三）购买内容。

政府向社会力量购买服务的内容为适合采取市场化方式提供、社会力量能够承担的公共服务,突出公共性和公益性。教育、就业、社保、医疗卫生、住房保障、文化体育及残疾人服务等基本公共服务领

域,要逐步加大政府向社会力量购买服务的力度。非基本公共服务领域,要更多更好地发挥社会力量的作用,凡适合社会力量承担的,都可以通过委托、承包、采购等方式交给社会力量承担。对应当由政府直接提供、不适合社会力量承担的公共服务,以及不属于政府职责范围的服务项目,政府不得向社会力量购买。各地区、各有关部门要按照有利于转变政府职能,有利于降低服务成本,有利于提升服务质量水平和资金效益的原则,在充分听取社会各界意见基础上,研究制定政府向社会力量购买服务的指导性目录,明确政府购买的服务种类、性质和内容,并在总结试点经验基础上,及时进行动态调整。

(四)购买机制。

各地要按照公开、公平、公正原则,建立健全政府向社会力量购买服务机制,及时、充分向社会公布购买的服务项目、内容以及对承接主体的要求和绩效评价标准等信息,建立健全项目申报、预算编报、组织采购、项目监管、绩效评价的规范化流程。购买工作应按照政府采购法的有关规定,采用公开招标、邀请招标、竞争性谈判、单一来源、询价等方式确定承接主体,严禁转包行为。购买主体要按照合同管理要求,与承接主体签订合同,明确所购买服务的范围、标的、数量、质量要求,以及服务期限、资金支付方式、权利义务和违约责任等,按照合同要求支付资金,并加强对服务提供全过程的跟踪监管和对服务成果的检查验收。承接主体要严格履行合同义务,按时完成服务项目任务,保证服务数量、质量和效果。

(五)资金管理。

政府向社会力量购买服务所需资金在既有财政预算安排中统筹考虑。随着政府提供公共服务的发展所需增加的资金,应按照预算管理要求列入财政预算。要严格资金管理,确保公开、透明、规范、有效。

(六)绩效管理。

加强政府向社会力量购买服务的绩效管理,严格绩效评价机制。建立健全由购买主体、服务对象及第三方组成的综合性评审机制,对购买服务项目数量、质量和资金使用绩效等进行考核评价。评价结果向社会公布，并作为以后年度编制政府向社会力量购买服务预算和选择政府购买服务承接主体的重要参考依据。

四、扎实推进政府向社会力量购买服务工作

（一）加强组织领导。

推进政府向社会力量购买服务，事关人民群众切身利益，是保障和改善民生的一项重要工作。地方各级人民政府要把这项工作列入重要议事日程，加强统筹协调，立足当地实际认真制定并逐步完善政府向社会力量购买服务的政策措施和实施办法，并抄送上一级政府财政部门。财政部要会同有关部门加强对各地开展政府向社会力量购买服务工作的指导和监督，总结推广成功经验，积极推动相关制度法规建设。

（二）健全工作机制。

政府向社会力量购买服务，要按照政府主导、部门负责、社会参与、共同监督的要求，确保工作规范有序开展。地方各级人民政府可根据本地区实际情况，建立"政府统一领导，财政部门牵头，民政、工商管理以及行业主管部门协同，职能部门履职，监督部门保障"的工作机制，拟定购买服务目录，确定购买服务计划，指导监督购买服务工作。相关职能部门要加强协调沟通，做到各负其责、齐抓共管。

（三）严格监督管理。

各地区、各部门要严格遵守相关财政财务管理规定，确保政府向社会力量购买服务资金规范管理和使用，不得截留、挪用和滞留资金。购买主体应建立健全内部监督管理制度，按规定公开购买服务相关信息，自觉接受社会监督。承接主体应当健全财务报告制度，并由具有合法资质的注册会计师对财务报告进行审计。财政部门要加强对政府向社会力量购买服务实施工作的组织指导，严格资金监管，监察、审计等部门要加强监督，民政、工商管理以及行业主管部门要按照职能分工将承接政府购买服务行为纳入年检、评估、执法等监管体系。

（四）做好宣传引导。

地方各级人民政府和国务院有关部门要广泛宣传政府向社会力量购买服务工作的目的、意义、目标任务和相关要求，做好政策解读，加强舆论引导，主动回应群众关切，充分调动社会参与的积极性。

国务院办公厅

2013 年 9 月 26 日

附录五 财政部、民政部关于支持和规范社会组织承接政府购买服务的通知

财综〔2014〕87 号

各省、自治区、直辖市、计划单列市财政厅（局）、民政厅（局），新疆生产建设兵团财务局、民政局：

为全面贯彻落实党的十八届三中全会精神，加快转变政府职能，推广政府购买服务，激发社会组织活力，根据《中共中央关于全面深化改革若干重大问题的决定》《国务院办公厅关于政府向社会力量购买服务的指导意见》（国办发〔2013〕96 号）有关要求，现就支持和规范社会组织承接政府购买服务有关工作通知如下：

一、充分认识社会组织在政府购买服务中的重要作用

党的十八届三中全会提出，适合由社会组织提供的公共服务和解决的事项，交由社会组织承担，对社会组织承接政府购买服务工作提出了新的更高要求。

改革开放以来，我国社会组织稳步发展，秉持非营利性、公益性和公共性原则，在教育科技、健康卫生、文化体育、社会福利、社会治理等公共服务领域发挥了重要作用，已成为社会治理和社会事业的重要主体。充分发挥社会组织在公共服务供给中的独特功能和积极作用，有利于加快转变政府职能，创新公共服务供给方式，提高公共服务供给水平和效率；有利于培育和引导社会组织，加快形成政社分开、权责明确、依法自治的现代社会组织体制；有利于推动整合利用社会资源，增强公众参与意识，激发社会发展活力。

随着政府购买服务工作的推进，社会组织承接政府公共服务能力不足的问题日益显现。突出表现为，社会组织在数量、规模等方面相

对滞后,专业素质不够高,内部治理不健全,政社不分、管办一体、责任不清,独立运作能力较弱,社会公信力偏低,筹集和整合社会资源能力不强,这些问题成为影响社会组织承接政府购买服务工作的重要因素。各地要认真贯彻落实党的十八届三中全会精神,按照国办发〔2013〕96号文件的要求,在推广政府购买服务改革中,将提升社会组织公共服务能力作为开展政府购买服务的基础性工作,支持和引导社会组织健康有序发展,充分发挥社会组织在承接政府购买服务中的主体作用。

二、加大对社会组织承接政府购买服务的支持力度

(一)加强社会组织培育发展。加快培育一批独立公正、行为规范、运作有序、公信力强、适应社会主义市场经济发展要求的社会组织。重点培育和优先发展行业协会商会类、科技类、公益慈善类、城乡社区服务类社会组织。统筹利用现有公共服务设施,以适当方式为社会组织开展服务创造必要条件,大力支持社会组织积极参与政府购买公共服务活动。各地要根据本地区经济社会发展情况和社会组织需要,为社会组织充分发挥作用给予政策支持和引导,提升社会组织自主发展、自我管理、筹资和社会服务等能力。鼓励采取孵化培育、人员培训、项目指导、公益创投等多种途径和方式,提升社会组织承接政府购买服务的能力。

(二)按照突出公共性和公益性原则,逐步扩大承接政府购买服务的范围和规模。充分发挥社会组织在公共服务供给中的独特功能和作用,在购买民生保障、社会治理、行业管理等公共服务项目时,同等条件下优先向社会组织购买。在民生保障领域,重点购买社会事业、社会福利、社会救助等服务项目。在社会治理领域,重点购买社区服务、社会工作、法律援助、特殊群体服务、矛盾调解等服务项目。在行业管理领域,重点购买行业规范、行业评价、行业统计、行业标准、职业评价、等级评定等服务项目。公平对待社会组织承接政府购买服务,鼓励社会组织进入法律法规未禁入的公共服务行业和领域,形成公共

服务供给的多元化发展格局,满足人民群众多样化需求。

(三)探索多种有效方式,加大社会组织承接政府购买服务支持力度。按照政府采购法和国办发〔2013〕96号文件规定,采用公开招标、邀请招标、竞争性谈判、单一来源采购等方式确定承接主体,有针对性地培育和发展一批社会组织,促进社会组织的发展。有条件的地方可推广利用财政资金支持社会组织参与服务示范项目,逐步加大政府向社会组织购买服务的力度,适合采取市场化方式提供、社会组织能够承担的公共服务,都可以由社会组织参与、承接,所需资金按照预算管理要求在财政预算安排中统筹考虑。引导、支持社会组织募集资金参与服务。贯彻落实国家对社会组织各项税收优惠政策,符合条件的社会组织按照有关税收法律法规规定,享受相关税收优惠。

三、进一步建立健全社会组织承接政府购买服务信用记录管理机制

(一)社会组织承接政府购买服务应当具备以下条件:具有独立承担民事责任的能力;具有开展工作所必需的条件,具有固定的办公场所,有必要的专职工作人员;具有健全的法人治理结构,完善的内部管理、信息公开和民主监督制度;有完善的财务核算和资产管理制度,有依法缴纳税收、社会保险费的良好记录;近三年内无重大违法记录;法律、行政法规规定的其他条件。

(二)社会组织在承接政府购买服务时,应当按要求提供登记证书、年检结论、年度报告、财务审计报告、依法缴纳税收和社会保险费,无重大违法记录的声明等相关证明材料,供购买主体审查。购买主体可根据购买内容的特点规定社会组织的特定条件,但不得对承接主体实行歧视性差别待遇。

(三)按照公开、公正、公平原则,推进社会组织登记管理和承接政府购买服务的信息公开和信息共享,加强政府向社会组织购买服务的绩效管理和绩效评价。建立健全由购买主体、服务对象及专业机构组成的综合性评价机制。各级财政部门要配合购买主体及相关机构加

强政府购买服务活动的监管和绩效评价,在推广政府购买服务过程中,对守信社会组织予以支持和激励,对失信社会组织予以限制和禁止。各级民政部门要建立完善社会组织信用体系,协助核实社会组织的资质及相关条件,及时收录承接政府购买服务的社会组织绩效评价结果和对违法社会组织的处罚决定等内容,每年按时向社会公布社会组织名录和信用记录。有关部门要将社会组织承接政府购买服务情况纳入年检、评估和执法工作体系,加大对违法违规行为的执法监管力度。

四、切实做好社会组织承接政府购买服务的组织实施

各地要建立健全部门联动机制,统筹规划、协调指导政府向社会组织购买服务工作。及时披露、公开信息,鼓励社会监督,充分调动社会参与的积极性。要结合实际,制定支持和规范社会组织承接政府购买服务的具体政策,确保工作落到实处,取得成效。切实加强调查研究,认真总结好经验、好做法,及时发现并解决政府向社会组织购买服务工作中出现的问题。

执行中遇到的新情况和重大问题,以及有关意见和建议,请及时报送财政部、民政部。

财政部

民政部

2014 年 11 月 25 日

附录六 中共中央办公厅、国务院办公厅印发《关于改革社会组织管理制度促进社会组织健康有序发展的意见》

（2016 年 8 月 21 日）

为深入贯彻党的十八大和十八届二中、三中、四中、五中全会精神，进一步加强社会组织建设，激发社会组织活力，现就改革社会组织管理制度、促进社会组织健康有序发展提出以下意见。

一、重要性和紧迫性

以社会团体、基金会和社会服务机构为主体组成的社会组织，是我国社会主义现代化建设的重要力量。党中央、国务院历来高度重视社会组织工作，改革开放以来，在各级党委和政府的重视和支持下，我国社会组织不断发展，在促进经济发展、繁荣社会事业、创新社会治理、扩大对外交往等方面发挥了积极作用。同时也要看到，目前社会组织工作中还存在法规制度建设滞后、管理体制不健全、支持引导力度不够、社会组织自身建设不足等问题，从总体上看社会组织发挥作用还不够充分，一些社会组织违法违规现象时有发生。当前，我国正处于全面建成小康社会决胜阶段，改革社会组织管理制度、促进社会组织健康有序发展，有利于厘清政府、市场、社会关系，完善社会主义市场经济体制；有利于改进公共服务供给方式，加强和创新社会治理；有利于激发社会活力，巩固和扩大党的执政基础。各地区各部门要站在战略和全局高度，充分认识做好这项工作的重要性和紧迫性，将其作为一项重要基础性工作来抓，主动适应新形势新任务要求，全面落实相关政策措施，扎扎实实做好各项工作。

二、指导思想、基本原则和总体目标

（一）指导思想。以邓小平理论、"三个代表"重要思想、科学发展观为指导,深入贯彻习近平总书记系列重要讲话精神,按照"四个全面"战略布局要求,贯彻落实创新、协调、绿色、开放、共享发展理念,一手抓积极引导发展,一手抓严格依法管理,充分发挥社会组织服务国家、服务社会、服务群众、服务行业的作用,努力走出一条具有中国特色的社会组织发展之路。

(二)基本原则

——坚持党的领导。按照党中央明确的党组织在社会组织中的功能定位,发挥党组织的政治核心作用,加强社会组织党的建设,注重加强对社会组织的政治引领和示范带动,支持群团组织充分发挥作用,增强联系服务群众的合力,确保社会组织发展的正确政治方向。

——坚持改革创新。改革社会组织管理制度,正确处理政府、市场、社会三者关系,改革制约社会组织发展的体制机制,激发社会组织内在活力和发展动力,促进社会组织真正成为提供服务、反映诉求、规范行为、促进和谐的重要力量。

——坚持放管并重。处理好"放"和"管"的关系,既要简政放权,优化服务,积极培育扶持,又要加强事中事后监管,促进社会组织健康有序发展。

——坚持积极稳妥推进。统筹兼顾,分类指导,抓好试点,确保改革工作平稳过渡、有序推进。

(三)总体目标。到2020年,统一登记、各司其职、协调配合、分级负责、依法监管的中国特色社会组织管理体制建立健全,社会组织法规政策更加完善,综合监管更加有效,党组织作用发挥更加明显,发展环境更加优化;政社分开、权责明确、依法自治的社会组织制度基本建立,结构合理、功能完善、竞争有序、诚信自律、充满活力的社会组织发展格局基本形成。

三、大力培育发展社区社会组织

(一)降低准入门槛。对在城乡社区开展为民服务、养老照护、公益慈善、促进和谐、文体娱乐和农村生产技术服务等活动的社区社会组织,采取降低准入门槛的办法,支持鼓励发展。对符合登记条件的社区社会组织,优化服务,加快审核办理程序,并简化登记程序。对达不到登记条件的社区社会组织,按照不同规模、业务范围、成员构成和服务对象,由街道办事处(乡镇政府)实施管理,加强分类指导和业务指导。鼓励在街道(乡镇)成立社区社会组织联合会,发挥管理服务协调作用。

(二)积极扶持发展。鼓励依托街道(乡镇)综合服务中心和城乡社区服务站等设施,建立社区社会组织综合服务平台,为社区社会组织提供组织运作、活动场地、活动经费、人才队伍等方面支持。采取政府购买服务、设立项目资金、补贴活动经费等措施,加大对社区社会组织扶持力度,重点培育为老年人、妇女、儿童、残疾人、失业人员、农民工、服刑人员未成年子女、困难家庭、严重精神障碍患者、有不良行为青少年、社区矫正人员等特定群体服务的社区社会组织。有条件的地方可探索建立社区社会组织孵化机制,设立孵化培育资金,建设孵化基地。鼓励社会力量支持社区社会组织发展。

(三)增强服务功能。发挥社区社会组织在创新基层社会治理中的积极作用,推动建立多元主体参与的社区治理格局。鼓励社区社会组织开展邻里互助、居民融入、纠纷调解、平安创建等社区活动,组织社区居民参与社区公共事务和公益事业,促进社区和谐稳定。支持社区社会组织承接社区公共服务和基层政府委托事项,开展社区志愿服务。建立社区社会组织与社区建设、社会工作联动机制,促进资源共享、优势互补,把社区社会组织建设成为增强社区自治和服务功能、吸纳社会工作人才的重要载体。

四、完善扶持社会组织发展政策措施

(一)支持社会组织提供公共服务。结合政府职能转变和行政审批改革,将政府部门不宜行使、适合市场和社会提供的事务性管理工作及公共服务,通过竞争性方式交由社会组织承担。逐步扩大政府向社会组织购买服务的范围和规模,对民生保障、社会治理、行业管理等公共服务项目,同等条件下优先向社会组织购买。

(二)完善财政税收支持政策。中央财政继续安排专项资金,有条件的地方可参照安排专项资金,支持社会组织参与社会服务,加强社会组织能力建设,有计划有重点地扶持一批品牌性社会组织。落实国家对社会组织各项税收优惠政策,符合条件的社会组织按照有关法律法规享受相关税收优惠政策。财政、税务部门要结合综合监管体制建设,研究完善社会组织税收政策体系和票据管理制度,改进和落实公益慈善事业捐赠税收优惠制度。鼓励银行业金融机构加大对符合条件社会组织的金融支持力度。

(三)完善人才政策。把社会组织人才工作纳入国家人才工作体系,对社会组织的专业技术人员执行与相关行业相同的职业资格、注册考核、职称评定政策,对符合条件的社会组织专门人才给予相关补贴,将社会组织人才纳入国家专业技术人才知识更新工程。建立社会组织负责人培训制度,引导其自觉践行社会主义核心价值观,增强社会责任意识和诚信意识。积极向国际组织推荐具备国际视野的社会组织人才。有关部门和群团组织要将社会组织及其从业人员纳入有关表彰奖励推荐范围。民政部、人力资源社会保障部要会同有关部门研究制定加强社会组织人才工作的意见。

(四)发挥社会组织积极作用。进一步发挥社会组织在促进经济发展、管理社会事务、提供公共服务中的作用。支持社会组织尤其是行业协会商会在服务企业发展、规范市场秩序、开展行业自律、制定团体标准、维护会员权益、调解贸易纠纷等方面发挥作用,使之成为推动经济发展的重要力量。支持社会组织在创新社会治理、化解社会矛盾、维护社会秩序、促进社会和谐等方面发挥作用,使之成为社会建设的重要主体。支持社会组织在发展公益慈善事业、繁荣科学文化、扩大就业渠道等方面发挥作用,满足人民群众多样化需求。

五、依法做好社会组织登记审查

(一)稳妥推进直接登记。重点培育、优先发展行业协会商会类、科技类、公益慈善类、城乡社区服务类社会组织。成立行业协会商会，按照《行业协会商会与行政机关脱钩总体方案》的精神，直接向民政部门依法申请登记。在自然科学和工程技术领域内从事学术研究和交流活动的科技类社会组织，以及提供扶贫、济困、扶老、救孤、恤病、助残、救灾、助医、助学服务的公益慈善类社会组织，直接向民政部门依法申请登记。为满足城乡社区居民生活需求，在社区内活动的城乡社区服务类社会组织，直接向县级民政部门依法申请登记。民政部门审查直接登记申请时，要广泛听取意见，根据需要征求有关部门意见或组织专家进行评估。国务院法制办要抓紧推动修订《社会团体登记管理条例》等行政法规。民政部要会同有关部门尽快制定直接登记的社会组织分类标准和具体办法。

（二）完善业务主管单位前置审查。对直接登记范围之外的其他社会组织，继续实行登记管理机关和业务主管单位双重负责的管理体制。业务主管单位要健全工作程序，完善审查标准，切实加强对社会组织名称、宗旨、业务范围、发起人和拟任负责人的把关，支持符合条件的社会组织依法成立。

（三）严格民政部门登记审查。民政部门要会同行业管理部门及相关党建工作机构，加强对社会组织发起人、拟任负责人资格审查。对跨领域、跨行业以及业务宽泛、不易界定的社会组织，按照明确、清晰、聚焦主业的原则，加强名称审核、业务范围审定，听取利益相关方和管理部门意见。严禁社会组织之间建立垂直领导或变相垂直领导关系，严禁社会组织设立地域性分支机构。对全国性社会团体，要从成立的必要性、发起人的代表性、会员的广泛性等方面认真加以审核，业务范围相似的，要充分进行论证。活动地域跨省（自治区、直辖市）的社会组织比照全国性社会组织从严审批。

（四）强化社会组织发起人责任。国务院法制办会同民政部推动将社会组织发起人的资格、人数、行为、责任等事项纳入有关行政法规予以规范。发起人应当对社会组织登记材料的合法性、真实性、准确性、有效性、完整性负责,对社会组织登记之前的活动负责,主要发起人应当担任首届负责人。建立发起人不良行为记录档案。发起人不得以拟成立社会组织名义开展与发起无关的活动,禁止向非特定对象发布筹备和筹款信息。党政领导干部未经批准不得发起成立社会组织。经批准担任发起人但不履行责任的,批准机关要严肃问责。

六、严格管理和监督

(一)加强对社会组织负责人的管理。民政部门会同有关部门建立社会组织负责人任职、约谈、警告、责令撤换、从业禁止等管理制度,落实法定代表人离任审计制度。建立负责人不良行为记录档案,强化社会组织负责人过错责任追究,对严重违法违规的,责令撤换并依法依规追究责任。推行社会组织负责人任职前公示制度、法定代表人述职制度。

(二)加强对社会组织资金的监管。建立民政部门牵头,财政、税务、审计、金融、公安等部门参加的资金监管机制,共享执法信息,加强风险评估、预警。民政、财政部门要推动社会组织建立健全内控管理机制,严格执行国家有关财务会计制度和票据管理使用制度,推行社会组织财务信息公开和注册会计师审计制度。财政部门要加强对社会组织财政、财务、会计等政策执行情况的监督检查,发现问题依法处罚并及时通报民政部门。税务部门要推动社会组织依法进行税务登记,对于没有在税务机关登记的社会组织,要在本意见下发后半年内完成登记手续;加强对社会组织非营利性的监督,严格核查非营利组织享受税收优惠政策的条件,落实非营利性收入免税申报和经营性收入依法纳税制度;加强对社会组织的税务检查,对违法违规开展营利性经营活动的,依法取消税收优惠资格,通报有关部门依法处罚社会组织和主要责任人。审计机关要对社会组织的财务收支情况、国有资产管理使用情况进行审计监督。金融管理部门要加强对社会组织账户的监管、对资金往来特别是大额现金支付的监测,防范和打击洗钱和恐怖融资等违法犯罪活动。中国人民银行要会同民政部加快研究将社会组织纳入反洗钱监管体系。

（三）加强对社会组织活动的管理。各级政府及有关部门要按照职能分工加强对社会组织内部治理、业务活动、对外交往的管理。民政部门要通过检查、评估等手段依法监督社会组织负责人、资金、活动、信息公开、章程履行等情况，建立社会组织"异常名录"和"黑名单"，加强与有关部门的协调联动，将社会组织的实际表现情况与社会组织享受税收优惠、承接政府转移职能和购买服务等挂钩。民政部门要会同有关部门建立联合执法制度，严厉查处违法违规行为，依法取缔未经登记的各类非法社会组织。对被依法取缔后仍以非法社会组织名义活动的，公安机关要依法处理。行业管理部门要将社会组织纳入行业管理，加强业务指导和行业监管，引导社会组织健康发展，配合登记管理机关做好本领域社会组织的登记审查，协助登记管理机关和相关部门做好对本领域社会组织非法活动和非法社会组织的查处。外交、公安、物价、人力资源社会保障等部门对社会组织涉及本领域的事项事务履行监管职责，依法查处违法违规行为并及时向民政部门通报。实行双重管理的社会组织的业务主管单位，要对所主管社会组织的思想政治工作、党的建设、财务和人事管理、研讨活动、对外交往、接收境外捐赠资助、按章程开展活动等事项切实负起管理责任，每年组织专项监督抽查，协助有关部门查处社会组织违法违规行为，督促指导内部管理混乱的社会组织进行整改，组织指导社会组织清算工作。

（四）规范管理直接登记的社会组织。直接登记的行业协会商会类、科技类、公益慈善类、城乡社区服务类社会组织的综合监管以及党建、外事、人力资源服务等事项，参照《行业协会商会与行政机关脱钩总体方案》及配套政策执行，落实"谁主管谁负责"的原则，切实加强事中事后监管。对已经成立的科技类、公益慈善类、城乡社区服务类社会组织，本着审慎推进、稳步过渡的原则，通过试点逐步按照对直接登记社会组织的管理方式进行管理。民政部要会同有关部门制定全国性社会组织试点方案，具体负责组织实施。地方社会组织试点工作，在各省(自治区、直辖市)党委和政府统一领导下,由民政部门具体负责组织实施,试点方案要根据当地情况研究制定。具备条件的地方可探索一业多会。已开展试点工作的地区要根据本意见精神进一步完善试点工作。

(五)加强社会监督。鼓励支持新闻媒体、社会公众对社会组织进行监督。民政部要会同有关部门制定实施各类社会组织信息公开办法,探索建立社会组织年度报告制度,规范公开内容、机制和方式,提高透明度;探索建立专业化、社会化的第三方监督机制,建立健全社会组织第三方评估机制,确保评估信息公开、程序公平、结果公正;建立对社会组织违法违规行为及非法社会组织投诉举报受理和奖励机制,依法向社会公告行政处罚和取缔情况。

(六)健全社会组织退出机制。对严重违反国家有关法律法规的社会组织,要依法吊销其登记证书;对弄虚作假骗取登记的社会组织,依法撤销登记;对未经许可擅自以社会组织名义开展活动的非法社会组织,依法予以取缔。完善社会组织清算、注销制度,确保社会组织资产不被侵占、私分或者挪用。

七、规范社会组织涉外活动

引导社会组织有序开展对外交流,参加非政府间国际组织,参与国际标准和规则制定,发挥社会组织在对外经济、文化、科技、体育、环保等交流中的辅助配合作用,在民间对外交往中的重要平台作用。完善相应登记管理制度,积极参与新建国际性社会组织,支持成立国际性社会组织,服务构建开放型经济新体制。确因工作需要在境外设立分支(代表)机构的,必须经业务主管单位或者负责其外事管理的单位批准。党政领导干部如确需以个人身份加入境外专业、学术组织或兼任该组织有关职务的,按干部管理权限和有关规定报批。

八、加强社会组织自身建设

(一)健全社会组织法人治理结构。针对不同类型社会组织特点制定章程示范文本。社会组织要依照法规政策和章程建立健全法人治理结构和运行机制以及党组织参与社会组织重大问题决策等制度安排,完善会员大会(会员代表大会)、理事会、监事会制度,落实民主选举、民主决策和民主管理,健全内部监督机制,成为权责明确、运转协调、制衡有效的法人主体,独立承担法律责任。推动社会组织建立健全内部纠纷解决机制,推行社会组织人民调解制度,引导当事人通过司法途径依法解决纠纷。

(二)充分发挥党组织的战斗堡垒作用和党员的先锋模范作用。社会组织党组织要紧紧围绕党章赋予党的基层组织的基本任务开展工作,团结凝聚群众,保证社会组织正确政治方向;对社会组织重要事项决策、重要业务活动、大额经费开支、接收大额捐赠、开展涉外活动等提出意见,加强对社会组织分支机构党建工作的指导,对具备条件的分支机构,督促其及时建立党组织。对住所地不在北京以及设立分支机构的全国性、跨区域社会组织,除按有关规定由中央直属机关工委、中央国家机关工委、国务院国资委党委加强党的领导外,住所地及分支机构所在地党委应当按照"条块结合"的要求,加强对有关社会组织及其分支机构党组织的日常指导和监管服务。社会组织党组织书记一般从社会组织内部产生,提倡党员社会组织负责人担任党组织书记。规模较大、成员较多或没有合适党组织书记人选的社会组织,上级党组织可按规定选派党组织书记。积极开展党员先锋岗、党员责任区、党员公开承诺等活动。注重在社会组织负责人、管理层和业务骨干中培养和发展党员。坚持党建带群建,推动有条件的社会组织建立工会、共青团、妇联等群团组织。支持工会代表职工对社会组织贯彻执行有关法律法规和政策实施监督。

(三)加强社会组织诚信自律建设。推动社会组织建立诚信承诺制度,建立行业性诚信激励和惩戒机制。支持社会组织建立社会责任标准体系,积极履行社会责任。引导社会组织建立活动影响评估机制,对可能引发社会风险的重要事项应事先向政府有关部门报告。强化社会组织管理服务意识,社会团体设立机构、发展会员要与其管理服务能力相适应。探索建立各领域社会组织行业自律联盟,通过发布公益倡导、制定活动准则、实行声誉评价等形式,引领和规范行业内社会组织的行为。规范社会组织收费行为,严禁巧立名目乱收费,切实防止只收费不服务、只收费不管理的现象。

(四)推进社会组织政社分开。支持社会组织自我约束、自我管理,发挥提供服务、反映诉求、规范行为、促进和谐的作用。贯彻落实《行业协会商会与行政机关脱钩总体方案》,稳妥开展脱钩试点。除法律法规有特殊规定外,政府部门不得授权或委托社会组织行使行政审批。国务院决定取消的行政审批事项,原承担审批职能的部门不得通过任何形式指定交由行业协会商会继续审批。严格执行《中共中央办公厅、国务院办公厅关于党政机关领导干部不兼任社会团体领导职务的通知》《中共中央组织部关于规范退(离)休领导干部在社会团体兼职问题的通知》,从严规范公务员兼任社会团体负责人,因特殊情况确需兼任的,按照干部管理权限从严审批,且兼职一般不得超过 1 个。在职公务员不得兼任基金会、社会服务机构负责人,已兼职的在本意见下发后半年内应辞去公职或辞去社会组织职务。

九、加强党对社会组织工作的领导

(一)完善领导体制。各级党委和政府要把加强和改进社会组织管理工作列入重要议事日程,列入地方党委和政府绩效考核内容和社会治安综合治理考评体系。地方党委和政府要建立完善研究决定社会组织工作重大事项制度;党委常委会应该定期听取社会组织工作汇报。各部门党组(党委)要加强对社会组织管理工作的组织领导,落实党建工作责任制,制定本部门管理规定,配齐配强相关管理力量,抓好督促落实。中央建立社会组织工作协调机制,地方各级要建立相应机制,统筹、规划、协调、指导社会组织工作,及时研究解决工作中出现的问题。重视和加强社会组织党风廉政建设和反腐败工作,完善社会组织惩治和预防腐败机制。

(二)推进社会组织党的组织和工作有效覆盖。按照应建尽建的原则,加大社会组织党组织组建力度,实现党的组织和工作全覆盖。暂不具备组建条件的社会组织,可通过选派党建工作指导员、联络员或建立工会、共青团组织等开展党的工作,条件成熟时及时建立党组织。新成立的社会组织,具备组建条件的应同步建立党组织。经党中央批准,全国性重要社会组织可以设立党组。各有关部门要结合社会组织登记、检查、评估以及日常监管等工作,督促推动社会组织及时成立党组织和开展党的工作。

(三)加强社会组织党建工作基础保障。推动建立多渠道、多元化投入的党建工作基础保障,提倡企事业单位、机关和街道社区、乡镇、村党组织与社会组织党组织资源共享、共建互促,为党组织开展活动、发挥作用创造条件。根据实际给予社会组织党组织书记和专职党务工作者适当工作津贴。加强对社会组织负责人的思想政治教育,引导他们主动支持党建工作。推动将党的建设写入社会组织章程。

十、抓好组织实施

(一)加快法制建设。加快修订出台社会团体、基金会和民办非企业单位登记管理条例。研究制定志愿服务和行业协会商会等方面的单项法律法规。加快调研论证,适时启动社会组织法的研究起草工作。鼓励和支持有条件的地方根据本意见精神出台地方性法规、地方政府规章。

(二)加强服务管理能力建设。各有关部门、地方各级政府要寓服务于管理中,加强社会组织管理服务队伍建设,配齐配强工作力量,确保事有人管、责有人负。各级民政部门特别是县级民政部门要有专门机构和人员负责社会组织登记管理日常工作。重点加强执法队伍建设,保障工作经费,确保服务到位、执法有力、监管有效。加快建设全国社会组织管理信息系统和社会组织信用信息管理平台,推进社会组织法人库建设,提高监管水平和服务能力。

(三)加强宣传引导。充分利用报刊、广播、电视、网络等多种方式,广泛宣传社会组织在参与社会建设和治理中的积极作用,及时总结、宣传、推广社会组织先进典型,加强社会组织理论研究和文化建设,提高公众对社会组织的认识,为社会组织改革发展营造良好社会氛围。

(四)做好督促落实工作。各省(自治区、直辖市)党委和政府要结合实际制定本地区社会组织管理制度改革的具体实施意见,做好组织贯彻落实工作。各有关部门要根据本意见要求和职责分工,抓紧制定落实相关配套政策措施和具体管理办法,做好本系统社会组织改革工作。民政部要会同有关部门做好本意见执行情况的监督检查,确保各项任务落到实处。

附录七　财政部、民政部关于通过政府
购买服务支持社会组织培育发展的指导意见

财综〔2016〕54 号

各省、自治区、直辖市人民政府,国务院各部委、各直属机构:

　　为落实党中央、国务院的决策部署,加快转变政府职能,创新社会治理体制,促进社会组织健康有序发展,提升社会组织能力和专业化水平,改善公共服务供给,根据《国务院办公厅关于政府向社会力量购买服务的指导意见》(国办发〔2013〕96 号)精神,经国务院同意,现就通过政府购买服务支持社会组织培育发展提出如下意见。

　　一、总体要求

　　(一)指导思想。全面贯彻党的十八大、十八届三中、四中、五中、六中全会和习近平总书记系列重要讲话精神,围绕供给侧结构性改革,结合"放管服"改革、事业单位改革和行业协会商会脱钩改革,充分发挥市场机制作用,大力推进政府向社会组织购买服务,引导社会组织专业化发展,促进提供公共服务能力持续提升,发挥社会组织的独特优势,优化公共服务供给,有效满足人民群众日益增长的公共服务需求。

　　(二)基本原则。一是坚持深化改革。加快转变政府职能,正确处理政府和社会的关系,推进政社分开,完善相关政策,为社会组织发展创造良好环境,凡适合社会组织提供的公共服务,尽可能交由社会组织承担。二是注重能力建设。通过政府向社会组织购买服务引导社会组织加强自身能力建设,优化内部管理,提升社会组织服务能力和水平,充分发挥社会组织提供公共服务的专业和成本优势,提高公共服务质量和效率。三是坚持公开择优。通过公开公平、竞争择优方式选择社会组织承接政府购买服务,促进优胜劣汰,激发社会组织内在活力,实现健康发展。四是注重分类指导。遵循社会组织发展规律,区分社会组织功能类别、发展程度,结合政府购买服务需求,因地制宜,分类施策,积极推进政府向社会组织购买服务。

(三)主要目标。"十三五"时期,政府向社会组织购买服务相关政策制度进一步完善,购买服务范围不断扩大,形成一批运作规范、公信力强、服务优质的社会组织,公共服务提供质量和效率显著提升。

二、主要政策

(四)切实改善准入环境。社会组织参与承接政府购买服务应当符合有关资质要求,但不应对社会组织成立年限做硬性规定。对成立未满三年,在遵守相关法律法规、按规定缴纳税收和社会保障资金、年检等方面无不良记录的社会组织,应当允许参与承接政府购买服务。积极探索建立公共服务需求征集机制,充分发挥社会组织在发现新增公共服务需求、促进供需衔接方面的积极作用。有条件的地方可以探索由行业协会商会搭建行业主管部门、相关职能部门与行业企业沟通交流平台,邀请社会组织参与社区及社会公益服务洽谈会等形式,及时收集、汇总公共服务需求信息,并向相关行业主管部门反馈。有关部门应当结合实际,按规定程序适时将新增公共服务需求纳入政府购买服务指导性目录并加强管理,在实践中逐步明确适宜由社会组织承接的具体服务项目,鼓励和支持社会组织参与承接。

(五)加强分类指导和重点支持。按照党的十八届三中全会关于重点培育、优先发展行业协会商会类、科技类、公益慈善类、城乡社区服务类社会组织的要求,各地方和有关部门应结合政府购买服务需求和社会组织专业化优势,明确政府向社会组织购买服务的支持重点。鼓励各级政府部门同等条件下优先向社会组织购买民生保障、社会治理、行业管理、公益慈善等领域的公共服务。各地可以结合本地区实际,具体确定向社会组织购买服务的重点领域或重点项目。要采取切实措施加大政府向社会组织购买服务的力度,逐步提高政府向社会组织购买服务的份额或比例。政府新增公共服务支出通过政府购买服务安排的部分,向社会组织购买的比例原则上不低于30%。有条件的地方和部门,可以制定政府购买服务操作指南并向社会公开,为社会组织等各类承接主体参与承接政府购买服务项目提供指导。

(六)完善采购环节管理。实施购买服务的各级政府部门(购买主体)应充分考虑公共服务项目特点,优化政府购买服务项目申报、预算编制、组织采购、项目监管、绩效评价等工作流程,提高工作效率。要综合考虑社会组织参与承接政府购买服务的质量标准和价格水平等因素,合理确定承接主体。研究适当提高服务项目采购限额标准和公开招标数额标准,简化政府购买服务采购方式变更的审核程序和申请材料要求,鼓励购买主体根据服务项目需求特点选择合理的采购方式。对购买内容相对固定、连续性强、经费来源稳定、价格变化较小的公共服务项目,购买主体与提供服务的社会组织签订的政府购买服务合同可适当延长履行期限,最长可以设定为3年。对有服务区域范围要求、市场竞争不充分的服务项目,购买主体可以按规定采取将大额项目拆分采购、新增项目向不同的社会组织采购等措施,促进建立良性的市场竞争关系。对市场竞争较为充分、服务内容具有排他性并可收费的项目,鼓励在依法确定多个承接主体的前提下采取凭单制形式购买服务,购买主体向符合条件的服务对象发放购买凭单,由领受者自主选择承接主体为其提供服务并以凭单支付。

(七)加强绩效管理。购买主体应当督促社会组织严格履行政府购买服务合同,及时掌握服务提供状况和服务对象满意度,发现并研究解决服务提供中遇到的问题,增强服务对象的获得感。加强绩效目标管理,合理设定绩效目标及指标,开展绩效目标执行监控。畅通社会反馈渠道,将服务对象满意度作为一项主要的绩效指标,务实开展绩效评价,尽量避免增加社会组织额外负担。鼓励运用新媒体、新技术辅助开展绩效评价。积极探索推进第三方评价,充分发挥专业机构在绩效评价中的作用。积极探索将绩效评价结果与合同资金支付挂钩,建立社会组织承接政府购买服务的激励约束机制。

(八)推进社会组织能力建设。加强社会组织承接政府购买服务培训和示范平台建设,采取孵化培育、人员培训、项目指导、公益创投等多种途径和方式,进一步支持社会组织培育发展。建立社会组织负责人培训制度,将社会组织人才纳入专业技术人才知识更新工程。推动社会组织以承接政府购买服务为契机专业化发展,完善内部治理,做好社会资源动员和整合,扩大社会影响,加强品牌建设,发展人才队伍,不断提升公共服务提供能力。鼓励在街道(乡镇)成立社区社会组织联合会,联合业务范围内的社区社会组织承接政府购买服务,带动社区社会组织健康有序发展。

(九)加强社会组织承接政府购买服务信用信息记录、使用和管理。民政部门要结合法人库和全国及各地信用信息共享平台建设,及时收录社会组织承接政府购买服务信用信息,推进信用信息记录公开和共享。购买主体向社会组织购买服务时,要提高大数据运用能力,通过有关平台查询并使用社会组织的信用信息,将其信用状况作为确定承接主体的重要依据。有关购买主体要依法依规对政府购买服务活动中的失信社会组织追究责任,并及时将其失信行为通报社会组织登记管理机关,有条件的要及时在信用中国网站公开。

三、保障措施

(十)加强组织领导。各级财政、民政部门要把政府向社会组织购买服务工作列入重要议事日程,会同有关部门加强统筹协调,扎实推进。加强政府向社会组织购买服务工作的指导、督促和检查,及时总结推广成功经验。充分利用报纸、杂志、广播、电视、网络等各类媒体,大力宣传通过政府购买服务支持社会组织培育发展的有关政策要求,营造良好的改革环境。

(十一)健全支持机制。民政部门要会同财政等部门推进社会组织承接政府购买服务的培训、反馈、示范等相关支持机制建设,鼓励购买主体结合绩效评价开展项目指导。财政部门要加强政府购买服务预算管理,结合经济社会发展和政府财力状况,科学、合理安排相关支出预算。购买主体应当结合政府向社会组织购买服务项目特点和相关经费预算,综合物价、工资、税费等因素,合理测算安排项目所需支出。中央财政将继续安排专项资金,有条件的地方可参照安排专项资金,通过政府购买服务等方式支持社会组织参与社会服务。

(十二)强化监督管理。有关购买主体应当按照《中华人民共和国政府采购法》、《中华人民共和国政府信息公开条例》等相关规定,及时公开政府购买服务项目相关信息,方便社会组织查询,自觉接受社会监督。凡通过单一来源采购方式实施的政府购买服务项目,要严格履行审批程序,该公示的要做好事前公示,加强项目成本核查和收益评估工作。民政等部门要按照职责分工将社会组织承接政府购买服务信用记录纳入年度检查(年度报告)、抽查审计、评估等监管体系。财政部门要加强对政府向社会组织购买服务的资金管理,确保购买服务资金规范管理和合理使用。有关部门要加强政府向社会组织购买服务的全过程监督,防止暗箱操作、层层转包等问题;加大政府向社会组织购买服务项目审计力度,及时处理涉及政府向社会组织购买服务的投诉举报,严肃查处借政府购买服务之名进行利益输送的各种违法违规行为。

财政部

民政部

2016 年 12 月 1 日

附录八 中共中央关于加强和改进党的群团工作的意见

(2015 年 7 月 10 日)

群团事业是党的事业的重要组成部分,党的群团工作是党治国理政的一项经常性、基础性工作,是党组织动员广大人民群众为完成党的中心任务而奋斗的重要法宝。工会、共青团、妇联等群团组织联系的广大人民群众是全面建成小康社会、坚持和发展中国特色社会主义的基本力量,是全面深化改革、全面推进依法治国、巩固党的执政地位、维护国家长治久安的基本依靠。为更好发挥群团组织作用,把广大人民群众更加紧密地团结在党的周围,汇聚起实现"两个一百年"奋斗目标、实现中华民族伟大复兴中国梦的强大正能量,现就加强和改进党的群团工作提出如下意见。

一、新形势下加强和改进党的群团工作的重要性和紧迫性

在革命、建设、改革各个历史时期,党始终高度重视群团工作,加强群团组织建设,发挥群团组织特殊优势,团结带领广大人民群众共同为实现党在各个时期的历史任务而奋斗。新形势下,党的群团工作只能加强,不能削弱;只能改进提高,不能停滞不前。

党的十八大提出"两个一百年"奋斗目标,习近平总书记提出实现中华民族伟大复兴的中国梦,描绘了国家富强、民族振兴、人民幸福的美好前景。实现我们党确定的宏伟目标,根本上要靠全体人民的劳动、创造、奉献,必须加强和改进党的群团工作,更好组织动员群众、教育引导群众、联系服务群众、维护群众合法权益,充分激发蕴藏在人民群众中的巨大创造力,凝聚起实现"两个一百年"奋斗目标和中国梦的磅礴力量。

当前,全面建成小康社会、全面深化改革、全面推进依法治国、全

面从严治党的历史重任摆在全党面前。人民是国家的主人、改革的主体。做好改革发展稳定各项工作,必须依靠人民群众支持和拥护,必须加强和改进党的群团工作,充分发挥群团组织作用,调动人民群众的积极性、主动性、创造性。

我国发展的内外环境正在发生深刻变化,党面临的挑战和考验前所未有。人心向背关系党的生死存亡。巩固党的执政地位,经受住执政考验、改革开放考验、市场经济考验、外部环境考验,应对好精神懈怠危险、能力不足危险、脱离群众危险、消极腐败危险,核心是保持党同人民群众的血肉联系。必须加强和改进党的群团工作,全心全意依靠工人阶级和广大人民群众,最大限度把人民群众团结在党的周围,打造抵御国内外敌对势力干扰破坏和"颜色革命"的铜墙铁壁,夯实党执政治国的群众基础。

这些年,党的群团工作在继承创新中不断加强,但与新形势新任务的要求相比仍存在许多不适应的问题。有的地方和部门党组织对群团工作重视不够,对群团工作的特点和规律缺乏深入研究,对发挥群团组织作用缺乏有力指导和支持。群团组织基层基础薄弱、有效覆盖面不足、吸引力凝聚力不够问题突出,特别是在非公有制经济组织、社会组织和各类新兴群体中的影响力亟待增强;有的群团组织工作和活动方式单一,进取意识和创新精神不强,存在机关化、脱离群众现象;群团干部能力素质需要进一步提高,作风需要改进。各级党委必须高度重视做好新形势下党的群团工作,全面提高水平,切实解决问题,不断开创党的群团工作新局面。

二、坚定不移走中国特色社会主义群团发展道路

中国特色社会主义群团发展道路,是对党的群团工作长期奋斗历史经验的科学总结。这条道路是中国共产党开展群众工作、推进党的事业的伟大创造,是党领导群众实现共同梦想的历史选择,是群团组织与时俱进、发展壮大的必由之路。这条道路是中国特色社会主义道路的重要组成部分,其基本特征是各群团自觉接受党的领导、团结服

务所联系群众、依法依章程开展工作相统一。

新形势下加强和改进党的群团工作,必须贯彻落实党的十八大和十八届三中、四中全会精神,高举中国特色社会主义伟大旗帜,以邓小平理论、"三个代表"重要思想、科学发展观为指导,深入贯彻习近平总书记系列重要讲话精神,牢牢把握为实现中华民族伟大复兴中国梦而奋斗的时代主题,坚定不移走中国特色社会主义群团发展道路,最广泛把群众组织起来、动员起来、团结起来,奋力推进中国特色社会主义伟大事业。

——坚持党对群团工作的统一领导。党的领导是做好群团工作的根本保证。各级党组织必须负起政治责任,加强对群团组织的政治领导、思想领导、组织领导,把党的理论和路线方针政策贯彻落实到群团工作各方面、全过程。群团组织必须坚持正确政治方向,自觉服从党的领导,贯彻党的意志和主张,严守政治纪律和政治规矩,在思想上政治上行动上始终同以习近平同志为总书记的党中央保持高度一致,不断增强中国特色社会主义道路自信、理论自信、制度自信。

——坚持发挥桥梁和纽带作用。群团组织是党和政府联系人民群众的桥梁和纽带。各级党组织要重视依靠群团组织推动党的理论和路线方针政策在群众中的贯彻落实,更好践行群众路线,做好群众工作。群团组织要经常深入群众,倾听群众呼声、反映群众意愿,深入做好群众的思想政治工作,把党的决策部署变成群众的自觉行动,把党的关怀送到群众中去。

——坚持围绕中心、服务大局。为党和国家工作大局服务,始终是群团工作的价值所在。各级党组织要指导群团组织紧紧围绕中国特色社会主义经济建设、政治建设、文化建设、社会建设、生态文明建设,围绕外交工作大局和祖国统一大业,找准工作的结合点和着力点,团结动员所联系群众为完成党和国家中心任务贡献力量。群团组织要坚持在大局下思考、在大局下行动,明确职责定位、展现自身价值,更好促进改革发展、维护社会和谐稳定。

——坚持服务群众的工作生命线。群团组织是党直接领导的群众自己的组织,为群众服务是群团组织的天职。各级党组织要推动群团组织贯彻党的群众路线,为群团组织服务群众创造条件。群团组织要增强群众观念,多为群众办好事、解难事,维护和发展群众利益,不断增强自身影响力和感召力。

——坚持与时俱进、改革创新。改革创新是群团工作发展进步的不竭动力。各级党组织和群团组织要把握时代脉搏,适应社会发展变化,尊重基层首创精神,不断推进群团工作和群团组织建设理论创新、实践创新、制度创新,始终与党和国家事业同步前进。

——坚持依法依章程独立自主开展工作。尊重群团组织性质和特点是做好群团工作的重要原则。各级党组织要支持群团组织发挥各自优势、体现群众特点,创造性开展工作。群团组织要大胆履责、积极作为,依法依章程开展活动、维护群众权益,最广泛吸引和团结群众。

三、加强党委对群团工作的组织领导

各级党委要明确对群团工作的领导责任,健全组织制度,完善工作机制,从上到下形成强有力的组织领导体系。

群团组织实行分级管理、以同级党委领导为主的体制,工会、共青团、妇联受同级党委和各自上级组织双重领导。地方党委负责指导同级群团组织贯彻落实党的理论和路线方针政策,研究决定群团工作重大问题,管理同级群团组织领导班子,协调群团组织同党政部门的关系及群团组织之间的关系。上级群团组织依法依章程领导或指导下级群团组织工作。地方党委应该注意听取上级群团组织意见,加强沟通协调,形成工作合力。

地方党委要建立和完善研究决定群团工作重大事项制度。党委在每届任期内应该召开专门的群团工作会议;党委常委会应该定期听取各群团组织工作汇报,每年都要专题研究群团工作。一般由党委专职副书记分管群团工作,具体分工根据实际确定。建立党委群团工作联席会议制度,协调解决问题,推动工作落实。建立党委群团工作考核制度,把群团工作成效作为考核党委领导班子和分管负责同志工作的重要内容。

地方党委有关工作会议应该请工会、共青团、妇联等群团组织主要负责人参加或列席。县级以下共青团组织主要负责人按党章规定列席同级党组织有关会议。乡镇(街道)的工会、妇联组织主要负责人可列席同级党委有关会议。工会、共青团、妇联的党员负责人应该考虑作为同级党委委员候选人提名人选。

把群团建设纳入党建工作总体部署。完善党建带群建制度机制,把党建带群建作为党建工作责任制的重要内容。统筹基层党群组织工作资源配置和使用,基层党组织活动阵地、党员服务站点的规划建设应该考虑群团组织需要。制定群团组织推优办法,把群团组织推优作为产生入党积极分子人选的方式之一。非公有制经济组织、社会组织中的党建和群建工作要整体推进、共建互促。

群团组织中的党组要充分发挥领导核心作用。善于团结党外干部群众,善于把党的主张和任务转化成群团组织的决议和群众的自觉行动。认真贯彻民主集中制,健全集体领导制度,严格管理干部。加强对重大问题的调查研究,密切关注群众思想、工作、生活等方面的变化,引导群众正确理解和自觉支持党的理论和路线方针政策以及中央决策部署。落实从严治党责任,严格执行党的纪律,重大事项及时向批准党组设立的党组织请示报告。没有设立党组的群团组织,其领导班子应该承担起贯彻执行党的理论和路线方针政策的政治责任和抓党的建设的主体责任。群团组织中的党员要按照党的标准严格要求自己,发挥先锋模范作用,影响和带动周围干部群众努力完成党和国家的任务。

领导干部要加强对群团工作理论政策的学习研究。党校、行政学院、干部学院、社会主义学院应该开设党的群团工作理论政策课程。党委理论学习中心组应该把群团工作作为专题学习的重要内容。加强群团工作学科建设,群团工作研究列入国家哲学社会科学研究规划。

四、推动群团组织团结动员群众围绕中心任务建功立业

各级党委要重视发挥群团组织团结动员群众干事创业的重要作用。群团组织要把深化改革开放、推动科学发展、促进社会和谐作为发挥作用的主战场,把工人阶级主力军、青年生力军、妇女半边天作用和人才第一资源作用,转化为促进经济社会发展的强大力量。要积极主动宣传改革和依法治国,组织引导群众理解改革、支持改革、参与改革、推进改革,积极投身社会主义法治国家建设,促进形成最广泛的合力。

群团组织要紧紧结合自身职责,深入开展群众性劳动竞赛、技能比武、科技创新、科学普及等活动,动员群众立足岗位创新创业创优。积极开展对所联系群众的知识技能培训,促进能力素质提高。大力宣传生态文明理念,广泛发动群众,共建美丽中国。完善应急动员、公益募捐等行动机制,在保障重大任务、支援抢险救灾、应对重大突发事件中发挥积极作用。

群团组织要广泛开展民族团结进步宣传教育,动员所联系群众旗帜鲜明反对民族分裂、维护祖国统一,促进各民族群众手足相亲、守望相助。加强同香港同胞、澳门同胞、台湾同胞和海外侨胞的往来和交流,推进国家现代化建设和祖国和平统一。多领域、多渠道、多层次开展民间对外交流,增进中国人民同各国人民友谊,维护国家核心利益。

五、推动群团组织引导群众自觉培育和践行社会主义核心价值观

群团组织是群众自我教育、自我管理的重要平台。各级党委要推动群团组织引导所联系群众继承和弘扬中华优秀文化,自觉培育和践行社会主义核心价值观。

群团组织要从所联系群众的实际出发,设计务实管用的载体,把社会主义核心价值观转化为生动活泼、特色鲜明、富有成效的群众性实践。引导广大职工弘扬劳模精神、劳动精神、工人阶级伟大品格,增

强主人翁意识,打造健康文明、昂扬向上的职工文化。加强对青年的理想信念教育,引导广大青年把社会主义核心价值观的根扎牢植正。加强和改进未成年人思想道德建设,开展好少先队组织教育、自主教育和实践活动,帮助少年儿童养成好思想、好品格、好习惯。引导广大妇女弘扬传统美德和自尊自信自立自强精神,培育良好家风,推进家庭文明建设。引导科技工作者发挥示范作用,弘扬科学精神,推动形成崇尚科学、追求进步的社会氛围。推动文学艺术、新闻宣传、法律、教育、社会公益等领域工作者积极发挥作用,引领全社会崇德向善、敬业诚信、遵纪守法、互助友爱、文明和谐。

群团组织要坚持广泛发动,利用遍布城乡的组织网络和基层阵地,深化群众性精神文明创建活动,把社会主义核心价值观教育做细做实。加强正面引导,大力宣传弘扬社会主义核心价值观的新风正气,及时批评违背社会主义核心价值观的模糊认识、错误观点、不良风气,引导群众明辨真假、是非、善恶、美丑。搞好典型引路,发挥各行各业先进典型、道德模范、"最美人物"等的示范带动作用,激发全社会学习先进、追赶先进、争当先进的持久内生动力。

六、支持群团组织加强服务群众和维护群众合法权益工作

群团组织服务群众要盯牢群众所急、党政所需、群团所能的领域,重点帮助群众解决日常工作生活中最关心、最直接、最现实的利益问题和最困难、最操心、最忧虑的实际问题。有针对性地开展创业就业、心理疏导、大病救助、法律援助、婚恋交友、居家养老等服务,特别是要做好对困难职工、留守老人妇女儿童、归难侨、残疾人等群体的帮扶,对高等学校毕业生、留学回国人员、农民工的服务。制定服务型基层组织建设意见,打造符合群众需求的工作品牌,推动构建覆盖广泛、快捷有效的服务群众体系。通过项目招聘、购买服务等方式吸引社会工作人才、专家学者、社会组织等力量参与服务群众工作。广泛开展志愿服务,完善组织管理,提升志愿服务水平。

维护群众合法权益是群团组织的重要工作。各级党委和政府要

把群团工作纳入党政主导的维护群众权益机制,支持群团组织在维护全国人民总体利益的同时更好维护各自所联系群众的具体利益。群团组织维权工作应该主动有为,哪里的群众合法权益受到侵害,哪里的群团组织就要帮助群众通过合法渠道、正常途径,合理伸张利益诉求,促进社会公平正义。要主动代表所联系群众参与相关法律法规和政策的制定,推动建立健全协调劳动关系等方面制度机制,从源头上保障群众权益、发展群众利益。善于运用法治思维和法治方式维权,注重通过集体协商、对话协商等方式协调各方利益,通过信访代理、推动公益诉讼、依法参与调解仲裁等方式为利益受到损害或侵犯的群众提供帮助。同时,要引导群众识大体、顾大局,依法理性表达诉求,自觉维护社会和谐稳定。

各级党委、人大、政府及有关部门研究制定涉及群众切身利益的政策措施、法律法规、发展规划、重大决策,应该请相关群团组织参与调研和论证,充分听取意见、吸收合理建议,充分考虑相关群体利益。重大决策社会稳定风险评估机制,应该吸收群团组织参加。支持群团组织切实履行代表维护职能,推动落实男女平等基本国策,健全妇女、未成年人、残疾人等合法权益保护机制。

七、支持群团组织在社会主义民主中发挥作用

群团组织特别是人民团体是广大群众依法、有序、广泛参与管理国家事务和社会事务、管理经济和文化事业的重要渠道。各级党委要重视发挥群团组织在社会主义民主中的作用,更好保证人民当家作主。

按照协商于民、协商为民的要求,拓宽人民团体参与政治协商的渠道,规范人民团体参与协商民主的内容、程序、形式。政府可通过召开会议或其他适当方式,定期向人民团体通报重要工作部署和相关重大举措,加强决策之前和决策实施之中的协商。各级政协要充分发挥人民团体及其界别委员在密切联系群众、增进社会各阶层和不同利益群体和谐中的作用,密切各专门委员会与人民团体的联系。

党委、人大要支持人民团体在县、乡人大代表换届选举中,依法按程序提名推荐代表候选人。县以上人大代表、政协委员人选的提名推荐,应该加强与人民团体的沟通协商,落实好有关人选的比例规定和政策要求。选任人民陪审员、人民监督员、人民调解员,落实人民建议征集制度,应该重视发挥人民团体作用。

群团组织应该加强对经济社会发展等方面政策的研究,提高参政议政水平。依照党的政策和国家法律法规,积极代表和组织所联系群众参与协商民主,通过多种方式反映群众意见。积极参加城乡基层群众自治和企事业单位民主管理,引导所联系群众正确行使民主权利,推动基层民主健康发展。

八、支持群团组织参与创新社会治理和维护社会稳定

群团组织是创新社会治理和维护社会和谐稳定的重要力量。各级党委和政府要合理配置职能和资源,支持群团组织依法参与社会事务管理,把适合群团组织承担的一些社会管理服务职能按照法定程序转由群团组织行使;支持群团组织立足自身优势,以合适方式参与政府购买服务。群团组织承接政府转移职能要试点先行,承接职能后应该建立符合公共服务特点的运行机制,确保能负责、能问责;参与政府购买服务,要严格管理、规范实施,做到政府放心、社会认可、自身有活力。

各级党委和政府要支持群团组织在党组织领导下发挥作用,加强对有关社会组织的政治引领、示范带动、联系服务。群团组织要通过服务来引导和促进社会组织健康有序发展。推动政府治理和社会自我调节、基层群众自治良性互动,促进多元治理主体协同协作协调、互促互补互融。组织群众主动参加社会治安综合治理、基层社区网格化管理、平安创建,积极协调化解矛盾纠纷和利益冲突。

各级党委和政府要重视发挥群团组织在全面推进依法治国特别是法治社会建设中的积极作用。支持群团组织开展群众性法治文化活动,引导群众自觉守法、遇事找法、解决问题靠法。支持群团组织参

与群众普法教育,推动建设普法和法律服务志愿者队伍。建立健全群团组织参与社会事务、维护公共利益、救助困难群众、帮扶特殊人群、预防违法犯罪的机制和制度化渠道。发挥群团组织对其成员的行为导引、规则约束、权益维护作用。

九、推动群团组织改革创新、增强活力

各级党委要推动群团组织勇于改革创新,通过创造性工作增强发展活力、赢得群众信任。

基层组织是做好群团工作的基础和关键。工会、共青团、妇联等群团组织要以提高吸引力、凝聚力、战斗力和扩大有效覆盖面为目标,在巩固按行政区划、依托基层单位建立组织、开展工作的同时,创新基层组织设置、成员发展、联系群众、开展活动的方式。立体化、多层面扩大组织覆盖,重点向非公有制经济组织、社会组织、城乡社区等领域和农民工、自由职业者等群体延伸组织体系。加强高等学校群团组织建设,更好联系、引导、服务青年学生和教师。

群团组织要牢固树立以群众为本的理念,健全依靠所联系群众推进工作制度。以群众喜闻乐见、便于参加的形式和方法开展工作,组织活动请群众一起设计,部署任务请群众一起参与,表彰先进请群众一起评议。完善群团组织代表大会制度和委员会制度,建立重大事项报告制度,代表和委员履职述职制度和直接联系群众、接受群众评议制度。完善群团组织事务公开制度,主动接受群众和社会监督。

打造网上网下相互促进、有机融合的群团工作新格局。群团组织要提高网上群众工作水平,实施上网工程,建设各具特色的群团网站,推进互联互通及与主流媒体、门户网站的合作。加强网宣队伍建设,综合运用维权热线和网络论坛、手机报、微博、微信等新媒体平台进行网上引导和动员。站在网上舆论斗争最前沿,主动发声、及时发声,弘扬网上主旋律。逐步建立统一的群团组织基础信息统计制度。

适应完成党的中心任务和基层工作、群众工作需要,改革和改进机关机构设置、管理模式、运行机制,充分体现群团组织的政治性、群众性特点,防止机关化、娱乐化倾向发生。

十、加大对群团工作的支持保障力度

各地要统筹管好用好现有群众活动阵地和设施,整合用好社会资源,纳入现代公共文化服务体系,坚持公益属性,真正发挥作用。主要新闻媒体要加强对群团工作的舆论宣传。新闻出版等部门要加强对群团组织所办报刊、出版社、网站的指导管理,确保正确舆论导向。

完善群团工作经费保障制度。依法足额收缴工会经费,由财政拨款支持的群团组织工作经费列入同级财政年度预算并予以保证。各级财政加大对革命老区、民族地区、边疆地区、贫困地区的支持力度,对基层群团组织的经费补贴应该落实到位,按人头划拨的经费重点向基层倾斜。基层单位应该根据需要合理安排群团工作经费。规范群团组织资产管理使用制度,任何组织和个人不得侵占、挪用或任意调拨群团组织资产。

鼓励群团组织在国家法律和相关规定许可范围内,通过多种方式筹措事业发展资金,依法享受扶持政策。群团组织应该建立健全社会资金募集、管理、使用全过程公开制度,建立第三方监督评价机制,提高社会公信力。

强化群团工作法治保障,提高群团工作法治化水平。推进涉及群团组织工作的立法,加强群团工作相关法律法规的实施和执法检查。

十一、加强群团组织领导班子和干部队伍建设

各级党委要加强群团组织领导班子建设,努力打造政治坚定、团结务实、群众拥护的坚强领导集体。坚持德才兼备、以德为先,按照信念坚定、为民服务、勤政务实、敢于担当、清正廉洁的好干部标准,选拔群众工作经验丰富、在所联系群众中威信高的同志,推荐作为群团组织主要负责人人选。领导班子成员人选的考察推荐应该广泛听取群众意见,结构要合理优化,工会、共青团、妇联负责人中基层一线代表人士的兼职比例应该适当增加。尊重群团组织民主选举结果,保持领导干部任期内稳定。健全县级以上群团组织领导班子中心组理论学

习、党员领导干部民主生活会、新进班子成员任职培训等制度。坚持严字当头,加强党风廉政建设。探索建立符合群团工作特点的群团组织领导班子和领导干部综合考评机制。

群团干部是党的干部队伍的重要组成部分。各级党委要重视抓群团干部培养,全面加强群团干部队伍建设。将群团干部培训纳入干部教育培训总体规划,分级负责、分系统落实。重视推动群团干部到火热的实践一线摸爬滚打、锻炼成才,注重从企业、农村、城乡社区等基层一线选拔优秀人才充实群团干部队伍。选好配强基层群团组织负责人,更多采用兼职、聘用等方式吸引优秀社会人才加入群团工作队伍。推进群团干部跨系统多岗位交流,加强群团组织与党政部门之间干部双向交流,把群团工作岗位作为提高干部做群众工作能力的重要平台。改进群团干部参照公务员法管理工作,支持群团组织根据自身工作特点按规定考录和遴选机关工作人员。群团干部要自觉加强学习,增强党性修养,提高能力素质。

坚持从群众中来、到群众中去,建好群众之家、当好群众之友。群团组织领导机关要带头践行党的群众路线,把密切联系群众作为根本的工作作风,把工作重心放在最广大普通群众身上。健全防止和克服“四风”问题的长效机制,坚持定期分析检查、公开承诺整改等制度,经常开展下基层接地气、请群众评机关等活动,坚决克服机关化、脱离群众现象。群团组织领导机关干部要带头树立经常联系群众、直接服务群众、真情同群众交友的好作风,竭诚为群众服务。

各省、自治区、直辖市党委,全国总工会、共青团中央、全国妇联等中央管理的群团组织,要根据本意见要求制定实施方案。中央各部委,国家机关各部委党组(党委),解放军各总部、各大单位党委,要结合各自实际研究提出贯彻落实本意见的具体措施。

后　记

此书从撰写到完成的过程,都伴随着我第二个孩子 Samantha 艾青的孕育和出生,她和这本书中我的思想一起经历了从夏秋冬到春天的诞生的漫长过程,我也感恩她给我带来的又一次生命的悸动和与众不同的感受。完成此书之际正值时节入春,庚子辛丑交替间;而我此刻,也即将迈入不惑之年,回首远眺,感悟过去、当下和未来的人生。进入而立以来,才发现学术是生命的真谛、真爱和不可舍弃之重。因为如果没有学术研究和教学活动,生命将失去灵魂和方向。于是,我更为清晰地认识到,我要的是什么,珍视的是什么,以及失去什么会让我后悔遗憾!

2018 年秋,经过两年的修改和完善,"新时代上海市群团组织参与社会矛盾纠纷化解机制研究"获得上海市哲学社会科学规划课题立项,以此为契机,我开启了为期三年乃至更久的关于我国群团组织参与纠纷化解和社会治理的研究。对群团组织最初的关注源自我国多元化纠纷化解机制中较少有群团力量参与的研究现状,以及我 2015 年以来与华东师范大学吴同教授合作研究社会力量介入信访纠纷化解的"柔性治理"。之后,在不少同仁、友人和学生,特别是我的研究生梅书琴、周振宇、龚煊的共同协助下,我于全国各地的工青妇和社会组织中开展深入调研、访谈,收集相关数据案例和信息,了解社会组织如何开展党建,如何与群团组织、地方政府合作,以及如何具体参与各类纠纷化解。这个过程虽然辛苦和不易,但是让我更深刻地认知和了解到基层矛盾纠纷的现实和残酷、弱势群体的抗争和策略、地方政府的压力和动力。尤其当我看到旨在助人自助和服务社会的社会工作者、律师、心理咨询师和各类非政府组织工作人员对服务社会的热情和投入,在高强度、高压的工作环境中保持热忱和战斗力,为社区居民特别是有特殊需求的群体提供协助的时候,我觉得我的研究是有意义的。起码可以总结和归纳他们的做法,通过研究分析他们的困境和不足及其原因,以及试图提出对策建议,令群团组织在政府购买社会组织服务和社会治理中获得更多政治、经济、资源等全方位的支持!

　　回眸而立,最初的写作和研究不可否认受到职业压力的推动和逼迫,毕竟当代年轻的博士要在较好的大学有一份稳定的教职工作是必须付出大量时间投入学术科研和教学的。然而如果一直处于被压力推动和无奈的状态,一方面,学者难以开展更为深入和高层次的研究并发表具有高引用率和影响力大的论文;另一方面,学者内心也会长期处于焦虑、苦闷和失望的状态,尤其是在论文发表过程中屡次被拒或难以把握准确提出研究问题和修改论文令其在核心期刊发表的时候。我想,从而立到不惑间最重要的成长和改变,就是让我实现了从被迫到主动,从压力到动力,从痛苦到快乐的学术过程。回顾这个过程,其中必不可少的是自我的要求、规定和下决心完成目标的自律。因为学术与学习一样,毕竟是寂寞和艰难的过程,特别要在理论上构建具有新意和创造力的概念、模型,并且通过长期深入的实证研究将问题解释清楚,非强大耐心、定力和激情所不能!而每一次的发表和成功实现更多学术目标带来的满足和快乐又会反过来激励自己继续努力,迎接更大挑战!对此,我是深深感恩的!因为不论什么职业,最后财富、社会地位以及荣誉都是身外之物,剩下的只有值得与他人分享的思想,这是可能被长久留存的东西!在此,想与年轻学者分享的感悟就是,不要怕失败,一定要坚持!坚持努力,用对方法,必能成功!因此,对于即将进入不惑的我们,身负工作、家庭的双重责任,面对父母、子女对我们承载的希望和依赖,我们唯有负重前行,变压力为动力,尽力让此生无憾!

学术之外，更多的体悟来源于对爱情、婚姻、孩子和生活的感悟，因为学术本身必然源于生活又高于生活。经历过而立不惑的成年人，想必大都在感情、婚姻和事业上经历了诸多的起伏、快乐与悲伤，乃至绝望和期望。然而有人乐观前行，有人踟蹰不进，这种差异在很大程度上是我们对待痛苦的不同态度导致的。因为世间苦难的存在，我的研究也从城市法律问题转向更为专注婚姻家庭和个人内心的矛盾和纠纷。新时代中国城市非常严重的一个问题就是婚姻家庭问题，虽说造成高离婚率和低结婚率的原因错综复杂，但不可否认的是，现代人已经将精神之爱作为婚姻中极其重要的元素，哪怕在大城市，越来越多的分离并不是因为钱，而是因为情淡了，包括理念的不合以及价值观的差异等。

这对我反思人生也产生了很大的影响，我们活着都渴望真爱，希望找到灵魂伴侣，然而这个世界真的存在高度契合的灵魂伴侣吗？婚姻真的可以不是爱情的坟墓吗？从我研究分析和个人理解的角度来看，特别是这十余年的经历告诉我，要找到契合的另一半最重要的是对自己有深刻准确的认知和了解，即清楚自己追求什么、绝不能接受什么，反问自己离开这个世界的时候，是否可以无憾了？遵循着这样的标准去生活，至少可以在经历痛苦和不快乐的时候，非常高兴地告诉自己，这是我自己的选择，尽管不完美，但是我不后悔！有些关系比如父母、子女不由得我们选择，那么就坦然接受吧！然后对所有的不顺心报之一笑，心怀感恩，因为有裂缝的地方才可能有光照进来！充满未知和不完美的人生才是值得憧憬和期盼的，不是吗？等我们到50岁、60岁、70岁，回顾一生的时候，都要有能力和信心微笑面对一切，云淡风轻。生命就是一次经历，而寂寞是其永恒的本质！

有了如此认知和体悟，不论我们站在而立、不惑还是有一天走到生命的终点，放下一切我们可能认为"专属于"我们的人和物，比如孩子，比如配偶，比如房子、金钱和荣誉，把这一切都作为生命的经历来看待，得之我幸，不得我命，在这次生命旅程中，不强求他人，不为难自己，如此才能真正实现内心的和谐。而我们复杂社会中的诸多问题，其本质也源于时代发展和变迁中的人性变化，从古至今，无不如此。父母、子女、夫妻、朋友、官民之间，没有什么是"专属于"某个人的，一切都是在发展变化中的，是相对的，而每一层关系的核心都是对对方的尊重、理解和信任，如果不能做到，矛盾和纠纷一定是不可避免的。

因为懂得，所以慈悲。这世间所有的个体和整个社会都存在着事物内部或彼此之间对立统一的关系，即便我们都明白预防大于治疗，防患于未然为上策，但是矛盾是会永恒存在的。我们需要的是保持一颗淡定从容和正确理性看待的心，以及掌握更为有效的方法去处理和化解这些矛盾。正因此，我为此生得以投入社会矛盾纠纷的研究感到由衷的高兴。

在此，我也要特别感谢浙江大学出版社优秀的编辑的辛勤付出和对我出版本书的大力支持，特别是梅雪老师细致的修改建议，为完善书稿提供了极大的帮助！

生命不息，研究无止境！不惑之年，亦是生命的新起点！

2024 年 1 月 1 日

上海　金岭园